基层农技推广人才激励

——基于组织公民行为的视角

The Exploration on Motivation for Local Agricultural Technology Extension Talents

—— From the Perspective of Organizational Citizenship Behavior

董杲　陈扬○著

中国农業大學出版社
China Agricultural University Press
·北京·

图书在版编目(CIP)数据

基层农技推广人才激励:基于组织公民行为的视角/董杲,陈扬著. -- 北京:中国农业大学出版社,2021.12

ISBN 978-7-5655-2679-4

Ⅰ.①基… Ⅱ.①董… ②陈… Ⅲ.①农业科技推广-人才政策-研究-中国 Ⅳ.①F324.3

中国版本图书馆 CIP 数据核字(2021)第 255595 号

书　　名　基层农技推广人才激励——基于组织公民行为的视角

作　　者　董 杲　陈 扬　著

策划编辑　张秀环　　**责任编辑**　张秀环

封面设计　郑　川

出版发行　中国农业大学出版社

社　　址　北京市海淀区圆明园西路 2 号　　**邮政编码**　100193

电　　话　发行部 010-62733489,1190　　读者服务部 010-62732336

编辑部 010-62732617,2618　　出　版　部 010-62733440

网　　址　http://www.caupress.cn　　**E-mail** cbsszs@cau.edu.cn

经　　销　新华书店

印　　刷　涿州市星河印刷有限公司

版　　次　2021 年 12 月第 1 版　　2021 年 12 月第 1 次印刷

规　　格　787×1 092　16 开本　10 印张　145 千字

定　　价　42.00 元

序

《中共中央关于制定国民经济和社会发展第十四个五年规划和二〇三五年远景目标的建议》明确提出了到2035年我国要进入创新型国家前列，基本实现农业现代化，建成人才强国等一系列社会主义现代化远景目标。近年来，党中央、国务院发布一系列文件，要求推动现代服务业与现代农业深度融合，推进生产性服务业向专业化和价值链高端延伸，刺激各类市场主体参与服务供给。农技推广人员队伍作为提供科技服务的主体，是推动农业科技成果转化的纽带和桥梁，也是全面推进乡村振兴战略、人才强国战略的重要一环。

围绕现阶段我国仍是以政府为主导的公益性农业推广体系的现状，作者跳出了领域内重表面现状问题分析的思维定式，创新性地从政府基层农技推广人员的角色外行为出发来探究基层农技推广人才的激励策略。为了更好地探究这一作用路径，本书同时引入了福利经济学中重点关注的主观幸福感作为中介变量，用以揭示组织公平感知、社会资本对于农技推广人员组织公民行为的作用“黑箱”，并基于实证分析结论针对性地提出了激励策略，为下一步实践中的制度设计提供一定借鉴和参考。

本书选题创新、行文思路清晰、方法严谨科学、结构紧凑完整，展示出作者扎实的学术功底。本书得出的相关结论符合中共中央办公厅、国务院办公厅近年来所推动的人才分类评价、建立高技能人才表彰激励机制等重要指示精神，无论是从理论还是实践层面而言，都具备较高的研究价值。期待未来作者能以本书的研究成果为基础，建立起更加丰富与创新的基层农技推广人才评价、激励的理论体系，成为该领域的引领者。

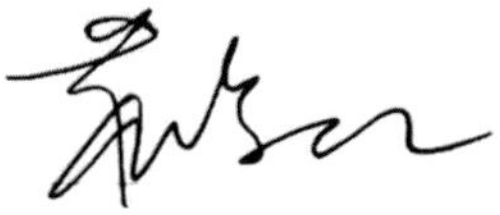

中国人才研究会副会长

中国人力资源开发研究会专家委员会副主任

北京大学人力资源开发与管理研究中心主任

北京大学政府管理学院 教授、博士生导师

广东财经大学人力资源学院院长

粤港澳大湾区人才评价与开发研究院院长

2021 年 10 月

前言

党的十九大报告中明确提出，未来将坚定实施乡村振兴战略，培养造就一支懂农业、爱农村、爱农民的“三农”工作队伍。2021 年 6 月 1 日起正式施行的《中华人民共和国乡村振兴促进法》将“人才支撑”作为一个重要章节，强调国家应“健全乡村人才工作体制机制”，并明确“各级人民政府应当采取措施培育农业科技人才、经营管理人才、法律服务人才、社会工作人才”“县级以上人民政府应当建立鼓励各类人才参与乡村建设的激励机制”。在人才强国战略、乡村振兴战略背景下，培养“三农”人才已成为重中之重。

在现阶段以政府为主导的自上而下的五级农业推广体系下，政府的基层农技推广人才队伍毫无疑问是“三农”工作队伍的核心和重要组成部分。作为推动农业科研成果和实用技术尽快应用于农业生产的重要桥梁与纽带，基层农技推广人员的绩效表现已成为打通农技推广“最后一公里”的关键，但目前学界对于基层农技推广人员绩效方面的研究过分偏重于对其角色内任务绩效的研究，很少基于组织层面对于其外显的角色外行为进行考量，而那些积极的角色外行为所产生的行为绩效很可能对整体绩效起到非常关键的作用。出于此考虑，本书试图通过构建“组织公平感知/社会资本—主观幸福感—组织公民行为”的分析框架，实证探究基层农技推广人员的组织公平感知和社会资本如何通过主观幸福感的中介传导机制来最终影响其组织公民行为的，并借此来找寻基层农技推广人才激励的新突破口。

本书从选题立意到形成最终的书稿共历时6年，其间围绕这一主题配套产出了2篇中文核心期刊论文、1篇博士后出站报告以及1篇硕士学位论文。本书选题立意始于作者博士学习阶段，前期缺乏专项科研课题支持，直至2019年，中国人才研究会将其纳入年度科研项目“乡村振兴背景下基层农技推广人才激励机制研究”（项目编号：ZRH-1941），国家市场监管总局相关课题也为本书的出版给予了经费支持，在此表示感谢。同时也感谢北京大学萧鸣政教授、中国农业大学高启杰教授对本书提出的宝贵修改意见，感谢陈文艺、刘洋洋等同志在实地调研、数据处理中给予的帮助。最后，感谢中国农业大学出版社张秀环老师在策划、编辑、出版过程中所付出的辛苦。

考虑到本书是国内基于组织公民行为视角研究农技推广人才激励的探索之作，作者在对重要理论、构念进行系统阐释的基础上，更多地从实证研究出发，力图提升理论与实践相结合的程度，从而为我国乡村振兴人才支撑工作提供有益的参考。由于时间和能力水平所限，本书难免有疏漏与欠妥之处，敬请读者指正。

作　者

2021年10月

目录

第 1 章　绪论 …… 1
1.1　研究背景 …… 1
1.1.1　乡村振兴战略背景下,急需培养一支懂农业、爱农村、爱农民的工作队伍 …… 1
1.1.2　基层农技推广人员的绩效表现已成为打通农技推广“最后一公里”的关键 …… 2
1.1.3　如何更好地激励基层农技推广人才满怀热情地投身于乡村振兴的实践中去,已成为现阶段必须面对的重要难题 …… 3
1.2　研究意义 …… 5
1.2.1　理论意义 …… 5
1.2.2　现实意义 …… 6
1.3　研究目标 …… 8
1.4　研究内容 …… 9
1.5　研究方法 …… 11
1.6　研究的创新和不足 …… 12
1.6.1　研究的创新 …… 12
1.6.2　研究的不足 …… 13

第2章 文献综述 …… 15
2.1 组织公平感知的相关研究 …… 15
2.1.1 组织公平内涵维度的相关研究 …… 15
2.1.2 组织公平感知影响效应的相关研究 …… 17
2.2 社会资本的相关研究 …… 19
2.2.1 社会资本内涵的相关研究 …… 19
2.2.2 社会资本维度测量的相关研究 …… 21
2.3 主观幸福感的相关研究 …… 22
2.3.1 主观幸福感的内涵与维度相关研究 …… 22
2.3.2 主观幸福感的影响因素研究 …… 23
2.4 组织公民行为的相关研究 …… 31
2.4.1 组织公民行为的内涵与维度划分研究 …… 31
2.4.2 组织公民行为的影响因素研究 …… 33
2.4.3 组织公民行为的影响效应研究 …… 33
2.5 我国农技推广人员的相关研究 …… 38
2.5.1 我国农技推广人员队伍建设状况的相关研究 …… 38
2.5.2 农技推广人员下乡推广行为、推广绩效及影响因素的相关研究 …… 39
2.5.3 农技推广人员激励机制研究 …… 41
2.6 文献简评与总结 …… 42
第3章 研究假设与理论模型 …… 46
3.1 理论基础——社会交换理论 …… 46
3.2 核心构念的内涵与维度界定 …… 48
3.2.1 组织公平感知 …… 48
3.2.2 社会资本 …… 49
3.2.3 主观幸福感 …… 51

3.2.4 组织公民行为 …… 52
3.3 研究假设的提出 …… 53
3.3.1 组织公平感知与主观幸福感间的关系假设 …… 53
3.3.2 组织公平感知与组织公民行为间的关系假设 …… 55
3.3.3 社会资本与主观幸福感间的关系假设 …… 58
3.3.4 社会资本与组织公民行为间的关系假设 …… 61
3.3.5 主观幸福感与组织公民行为间的关系假设 …… 62
3.4 理论模型的基本框架 …… 64
第 4 章 研究设计 …… 65
4.1 实证研究流程 …… 65
4.2 问卷设计 …… 66
4.3 变量的测量 …… 67
4.3.1 组织公平感知变量的测量 …… 67
4.3.2 社会资本变量的测量 …… 68
4.3.3 主观幸福感变量的测量 …… 69
4.3.4 组织公民行为变量的测量 …… 70
4.3.5 控制变量的设置 …… 71
第 5 章 样本描述与假设检验 …… 73
5.1 样本与数据收集 …… 73
5.2 样本特征 …… 76
5.3 样本描述性统计 …… 79
5.3.1 组织公平感知分量表的描述性统计 …… 79
5.3.2 社会资本分量表的描述性统计 …… 80
5.3.3 主观幸福感分量表的描述性统计 …… 81
5.3.4 组织公民行为分量表的描述性统计 …… 82
5.4 信度检验 …… 83

5.4.1 组织公平感知量表的信度检验 …… 84
5.4.2 社会资本量表的信度检验 …… 84
5.4.3 主观幸福感量表的信度检验 …… 85
5.4.4 组织公民行为量表的信度检验 …… 85
5.5 效度检验 …… 86
5.5.1 探索性因子分析 …… 87
5.5.2 验证性因子分析 …… 92
5.6 相关性分析 …… 98
5.7 组织公平感知、社会资本对主观幸福感直接影响的假设检验 …… 101
5.7.1 组织公平感知对主观幸福感直接影响的假设检验 …… 101
5.7.2 社会资本对主观幸福感直接影响的假设检验 …… 103
5.8 组织公平感知、社会资本对组织公民行为直接影响的假设检验 …… 104
5.8.1 组织公平感知对组织公民行为直接影响的假设检验 …… 105
5.8.2 社会资本对组织公民行为直接影响的假设检验 …… 106
5.9 主观幸福感中介效应的假设检验 …… 108
5.9.1 中介效应分析原理 …… 108
5.9.2 中介效应检验 …… 109
5.10 结果讨论 …… 112
第6章 结论与建议 …… 117
6.1 主要研究结论 …… 117
6.2 基层农技推广人才激励策略 …… 120
参考文献 …… 123
附录 调查问卷 …… 144

第1章

绪　　论

1.1　研究背景

1.1.1　乡村振兴战略背景下，急需培养一支懂农业、爱农村、爱农民的工作队伍

党的十九大报告已将人才工作放到党和国家工作的重要位置，指出“人才是实现民族振兴、赢得国际竞争主动的战略资源”，未来将坚定实施“科教兴国战略、人才强国战略、创新驱动发展战略、乡村振兴战略、区域协调发展战略、可持续发展战略、军民融合发展战略”。针对农业人才，党的十九大报告中在两个方面有所涉及，一是在人才强国战略方面，“要坚持党管人才原则，聚天下英才而用之，加快建设人才强国。实行更加积极、更加开放、更加有效的人才政策，以识才的慧眼、爱才的诚意、用才的胆识、容才的雅量、聚才的良方，把党内和党外、国内和国外各方面优秀人才集聚到党和人民的伟大奋斗中来，鼓励引导人才向边远贫困地区、边疆民族地区、革命老区和基

层一线流动，努力形成人人渴望成才、人人努力成才、人人皆可成才、人人尽展其才的良好局面，让各类人才的创造活力竞相迸发、聪明才智充分涌流”，这属于间接的提及。二是在乡村振兴战略方面，直接提出应“培养造就一支懂农业、爱农村、爱农民的‘三农’工作队伍”。

这支“懂农业、爱农村、爱农民”的“三农”工作队伍，应当包括农村实用人才、农村创新创业人才、农业新型科技人才、新型职业农民等一些主体，但是在现阶段以政府为主导的自上而下的五级农业推广体系下，政府的基层农技推广人才队伍毫无疑问是“三农”工作队伍的核心和重要组成部分。他们长期扎根基层、服务“三农”，作为推动农业科研成果和实用技术尽快应用于农业生产的重要桥梁与纽带，为农民倾情服务。建设好这支队伍，切实提高农技推广服务质量和效率，对于发展现代农业、实施乡村振兴战略意义重大，可以为深入推进农业供给侧结构性改革提供有力的科技和人才支撑，这事关农业农村经济发展大局。

1.1.2 基层农技推广人员的绩效表现已成为打通农技推广“最后一公里”的关键

农业技术推广是促使农业科研成果和实用技术尽快应用于农业生产的重要桥梁与纽带，也是增强科技支撑保障能力，促进农业和农村经济可持续发展，实现农业现代化的重要途径。由于我国的农业推广体系主要还是依托以政府为主导的自上而下的五级农业推广机构，故与农户接触最为密切的政府基层农技推广人员（主要是指区/县与乡/镇两级）的行为表现就显得尤为重要，诸多学者也试图以政府基层农技推广人员的绩效表现为切入点，通过考察基层农技推广人员现实状况来阐述打通农技推广“最后一公里”的问题，并试图探寻造成我国农业科技成果转化率低下、农业推广水平不高的原因。大部分学者基于对基层农技推广人员推广表现（如推广时间投入、推广次数、推广方式等)的调查得出推广经费投入不足及其带来的农技推广人员收入偏低、工作条件差、社会地位不足等原因是破解农业科技成果推广“最后一公里”问题的重要制约，是影响我国农业推广绩效水平的主要原因(乔方彬等，1999；高启杰，2002；张利庠等，2007；申红芳等，2010；李向光、陈晓伟，2013)。除经费投入要素外，一些学者还指出农技推广人员的个人特征、推广行为与方式以及我国农业技术推广的管理体制、运行机制(包括激励与考核等)对于其推广绩效的重要影响(胡瑞法等，2004；黄季焜等，2009；廖西元等，2012)。

尽管如此，目前学界对于基层农技推广人员绩效方面的研究尚存在着很多不足，过分偏重于对农技推广人员的角色内任务绩效的研究(包括提出进一步的管理体制和绩效考核方式的改革措施)，很少基于组织层面对于其外显的角色外行为进行考量，而那些积极的角色外行为所产生的行为绩效很可能对整体绩效起到非常重要的作用(虽然有时短期内不会见效)。Pawar(2013)、Devonish(2013)等诸多学者均认为，个体绩效的测量需要关注三个维度，第一个维度是任务绩效，也就是角色内绩效；第二个维度是员工的组织公民行为；第三个维度则是员工的消极行为或者说是一些报复性行为、越轨行为。故对我国基层农技推广人员的绩效表现的衡量考察维度亟待拓宽，尤其是在乡村振兴战略实施的背景下，政府各部门的配套政策、资金不断向农村基层倾斜，反映出基层农技推广人员角色外绩效的组织公民行为、越轨行为等对于打通农技推广“最后一公里”变得十分重要，应当得到及时的跟踪研究与反馈。

1.1.3 如何更好地激励基层农技推广人才满怀热情地投身于乡村振兴的实践中去，已成为现阶段必须面对的重要难题

目前，基层公务人员由于工作压力、晋升前景和工作待遇等因素导致的

工作倦怠感不断增强的问题，已开始影响到政府的行政效能。对于基层农技推广人才队伍来说，工资福利待遇低、人员老化、职称晋升难、工作保障不足、专业技术人员比例偏低、行政事务过多耽误农技推广时间等诸多突出问题，造成基层农技推广人员履职不力、工作倦怠感不断增强、整体士气和积极性不高。萧鸣政(2016)指出，现代公共部门人力资源管理既要满足政府需求，又要满足公职人员的个人需求，应注重公职人员的激励机制建设。面对这一难题，党的十九大以来，随着乡村振兴战略上升到战略层面，国家出台了一系列的相关政策、法律，用以保障基层农业(推广)人才队伍建设，如：2018年，中共中央办公厅、国务院办公厅印发《关于分类推进人才评价机制改革的指导意见》中明确指出，“创新基层人才评价激励机制。对长期在基层一线和艰苦边远地区工作的人才，加大爱岗敬业表现、实际工作业绩、工作年限等评价权重，着力拓展基层人才职业发展空间”。2019年，国务院《关于促进乡村产业振兴的指导意见》(国发〔2019〕12号)明确指出，应“健全人才保障机制”，并“深化农业系列职称制度改革，开展面向农技推广人员的评审”。2021年6月1日起正式施行的《中华人民共和国乡村振兴促进法》将“人才支撑”板块作为重要章节，强调国家应“健全乡村人才工作体制机制”，并明确“各级人民政府应当采取措施培育农业科技人才、经营管理人才、法律服务人才、社会工作人才”“县级以上人民政府应当建立鼓励各类人才参与乡村建设的激励机制”。

在实践中，如何更好地激励基层农技推广人才满怀热情地投身于乡村振兴是一个需要长期思考的问题。对于基层农技推广人才的激励，仅仅出台一些政策法律条文加以保障是远远不够的，一方面，这些激励保障措施如何加以监管并落地实施、是否具有持久性和可行性等一些问题需要在实践中具体问题具体分析；另一方面，从以人为本的发展视角来看，不能把农技推广人员当作孤立的个体要素，忽视了其与所在组织的交互关系对其自身心绪、行为的影响。因此，在这一情境下探究、发掘影响基层农业推广人员心绪、行为的诸多要素以及作用路径和机制，可以为基层农技推广人才的激励提供更为细化的参考。

1.2 研究意义

1.2.1 理论意义

本研究以基层农技推广人员个体与组织间的交互关系层面为切入视角，引入社会资本和组织公平感知两个重要的外显变量，通过构建起“组织公平感知/社会资本—主观幸福感—组织公民行为”的分析框架，对于拓宽社会交换理论的应用领域，拓展主观幸福感、组织行为学研究的学科视角均有一定程度的贡献。

首先，尽管组织公民行为、社会资本等概念在企业组织行为、创新与知识合作等领域得到了一定应用，但相关的研究结论并不完全适合于政府基层农技推广人员这一群体，一方面是因为现阶段大部分基层农技推广人员属于事业编制，算是基层公务人员的范畴，而国内外学界有关组织公民行为、社会资本、组织公平感知等的研究主要是针对企业组织内的员工而言的；另一方面是因为学界尚未有针对基层农技推广人员这一群体的行为绩效展开过深入的实证研究，相关的结论不能简单代入和推论，需要新的探索。本研究针对政府基层农技推广人员这一群体，划分并界定其组织公民行为、社会资本、组织公平感知、主观幸福感构念具体的内涵维度，设计出相关的测量量表并实证检验了其信度、效度和解释力，这在一定程度上取得了较好的理论研究贡献。

其次，本研究基于社会交换理论等，以基层农技推广人员个体与组织间的交互关系层面为切入视角，引入社会资本和组织公平感知两个重要的外显变量，所构建起的“组织公平感知/社会资本—主观幸福感—组织公民行为”的分析框架，是一条融合了多变量的创新性研究路径，这表现在：一是学界更多地将主观幸福感当作是结果变量，忽略了情绪感知对于最终组织公民行为的影响，两者间的关系很少被人关注；二是近几年社会资本对于个体主观幸福感、组织公民行为的影响引起了少部分国内外学者的关注，主观幸福感是否可以更进一步，在社会资本和组织公民行为之间起到中介作用，尚无人探索；三是尽管组织公平感知对于组织公民行为的显著影响已在学界达成共识，但是中间的作用机制尚存“黑箱”，若打开它，还需进一步挖掘中间变量，而主观幸福感作为一种情绪感知，在挖掘其对组织公民行为影响之中，可以尝试将其作为中介变量考察其发挥的效应。

最后，研究补充完善了基层农技推广人员的绩效研究，这一方面弥补了过去针对基层农技推广人员绩效研究过分关注于对推广时间、辐射范围等硬性的任务绩效指标考察，本研究将其角色外的积极行为纳入研究范围，并对影响这一行为的相关变量：组织公平感知、社会资本、主观幸福感等进行了考察，这些都是国内学界尚未有人探究过的领域；另一方面在现有的农技推广体系下，基层农技推广人员很大一部分属于基层公务人员队伍，本研究将基层农技推广人员的组织公民行为纳入绩效的考察范畴，为公共部门绩效评估、公共部门效能提升等研究提供了一定的参考，并在一定程度上弥补了相关研究的不足。

1.2.2 现实意义

第一，从人力资源管理的角度，本研究所提出的一系列有关基层农技推广人员社会资本、组织公平感知、主观幸福感、组织公民行为的概念模型和测量量表，提供了一个较为直观、可量化的测量评价体系，一方面可以推动基层农技推广人员开展自测，审视自身行为，发现工作中的问题和不足；另一方面可以为基层农技推广组织以及相关政府主管部门对于基层农技推广人员现实中的整体工作现状和行为水平等进行合理有效的评价。在此基础上，对于基层农技推广人员组织公民行为影响机制研究的相关结论，亦可以为基层农技推广组织以及相关政府主管部门的人力资源管理工作提供相应依据，如：在了解其影响组织公民行为的机理后，可以更好地提升培训的针对性和有效性，重新制定基层农技推广人员的选拔与任用标准，优化组织内部制度流程、晋升认定标准等。

第二，本研究的实证研究结论，可以为更好地激励基层农技推广人才满怀热情地投身于乡村振兴的建设之中，提供合理的制度设计依据、具体实施措施和政策建议。组织公民行为不是岗位职能要求上所规定的角色内行为，而是那些超越本职要求的自愿行为。基层农技推广人员那些利于群体、组织、社区的正面和积极的行为，可以促进整个推广组织效能的提升，提升推广服务的效率和质量，打通农技推广"最后一公里"。本研究厘清了基层农技推广人员组织公民行为的影响机制，有助于政府主管部门跟踪掌握基层农技推广人员角色外积极行为的缺失或者不足、主观幸福感程度不高的原因，从宏观层面优化相应的管理工作，及时制定出精准的保障措施来更好地激励他们投身于乡村振兴的工作之中，更好地提升他们的积极性。

第三，以政府部门基层农技推广人员为研究对象的组织公民行为研究，可以为未来公共部门绩效优化、组织变革与效能提升提供新的思路。现在对我国公共部门尤其是政府部门员工组织公民行为的考察是十分必要的，从外部来讲，在建设服务型政府的大环境下，员工的组织公民行为可以有效提升政府提供公共服务的能力，一方面体现在政府部门员工可以加强与群众的联系，另一方面则体现在对岗位职责的更好履行和对公共资源的更合理利用上；从内部来讲，现今政府体制改革的一个重要目标便是如何通过优化内部管理机制进而提高部门人员提供公共服务的能力，而员工的组织公民行为正是实现这一改变的关键点。另外从精神层面来讲，组织公民行为的内涵与我国所倡导的“爱岗敬业”“服务奉献”等主旋律也是趋于一致的。

1.3 研究目标

党的十九大以来，在实施乡村振兴战略的背景下，培养造就一支懂农业、爱农村、爱农民的“三农”工作队伍已上升到国家战略层面。一方面，基层农技推广人员队伍作为“三农”队伍中的核心组成部分，其行为表现、绩效水平对于解决农技推广“最后一公里”问题至关重要；另一方面，现今制度体系下基层公务人员在较差的工作环境待遇、较大的工作压力下显得力不从心，工作倦怠等问题丛生。针对这一现状，本研究基于社会交换理论等，以基层农技推广人员个体与组织间的交互关系层面为切入视角，引入社会资本和组织公平感知两个重要的外显变量，研究的总体目标在于通过构建起“组织公平感知/社会资本—主观幸福感—组织公民行为”的分析框架，探究基层农技推广人员的组织公平感知和社会资本如何通过主观幸福感的中介传导机制来最终影响其组织公民行为。同时基于实证研究结论，为更好地激励基层农技推广人才满怀热情地投身于乡村振兴的建设中提供合理的制度设计依据、具体实施措施和政策建议。

在研究的总体目标下，具体的研究目标包括：①文献综述的基础上，提炼与界定出基层农技推广人员组织公平感知、社会资本、主观幸福感以及组织公民行为的基本内涵与维度，并合理推演出本研究所涉及到的变量间因果关系的路径假设；②实证探究基层农技推广人员组织公平感知、社会资本对于主观幸福感和组织公民行为两个变量的直接影响；③实证探究基层农技推广人员主观幸福感对其组织公民行为的直接影响，并进一步检验主观幸福感变量在组织公平感知、社会资本与组织公民行为两组变量间所起的中介效应;④基于实证研究结论,为更好地激励基层农技推广人才满怀热情地投身于乡村振兴的建设中提供合理的制度设计依据、具体实施措施和政策建议。

1.4 研究内容

(1)文献综述以及具体研究问题归纳。通过检索国内外有关组织公平感知研究、社会资本研究、主观幸福感研究以及组织公民行为研究等相关文献,对其研究进展与成果、研究方法以及相关理论基础等进行综述。在总结前人研究的基础上,本研究进一步结合我国基层农技推广人员的实际境况,找出论文的研究切入点,特别是主要变量间的潜在路径关系,为下文的深入研究分析做好铺垫。

(2)基层农技推广人员组织公平感知、社会资本、主观幸福感以及组织公民行为的内涵与维度界定。从个体与组织间的交互关系层面,重点分析基层农技推广人员在参与基层农技推广组织工作过程中获得了哪些方面的社会资本,对于组织内公平程度的感知如何,在此基础上进一步对本研究所使用的基层农技推广人员社会资本、组织公平感知内涵进行详细阐述,提炼并界定出其基本维度;从主观幸福感角度,主要结合前人研究成果,针对基层农技推广人员这一群体的特殊性,对其主观幸福感的内涵维度进行界定;从组织公民行为的角度,考虑到基层农技推广人员除日常技术推广职能外,还兼具着非常多元的角色作用,在界定清晰其组织公民行为的内涵特征基础上,从自我、群体、组织以及社会层面刻画其基本维度。

(3)实证研究假设的提出。实证研究假设的提出必须基于合理、严谨的路径关系推演,这部分内容主要包含基层农技推广人员组织公平感知、社会资本对其主观幸福感的影响机理研究;基层农技推广人员组织公平感知、社会资本对其组织公民行为的影响机理研究;基层农技推广人员主观幸福感对其组织公民行为的影响机理研究。在此基础上,构建出两组相应的中介模型假设来探究基层农技推广人员的组织公平感知和社会资本如何通过主观幸福感的中介传导机制来最终影响其组织公民行为。

(4)基层农技推广人员组织公平感知、社会资本、主观幸福感与组织公民行为间关系的实证研究。本部分研究内容是全文的重点与关键,前文所有的影响机理假设都有待于数据的检验。根据前文的理论推演和理论假设,基于问卷调查所开展的实证研究主要包括以下几部分内容:①问卷及量表的设计,包括组织公平感知量表、社会资本量表、组织公民行为量表以及中介变量(主观幸福感)量表;②数据收集以及相关的样本特征、描述性统计分析、量表的信度和效度分析、相关性分析等;③用回归分析的方法检验基层农技推广人员组织公平感知、社会资本对于主观幸福感和组织公民行为两个变量影响的相关假设;④用回归分析的方法检验基层农技推广人员主观幸福感对其组织公民行为影响的假设,并进一步检验主观幸福感变量在组织公平感知、社会资本与组织公民行为两组变量间所起的中介效应。

(5)乡村振兴战略背景下基层农技推广人员激励策略研究。在以上实证研究结论基础上,一方面从理论视角厘清基层农技推广人员组织公民行为的影响机制,归纳清晰基层农技推广人员组织公平感知、社会资本、主观幸福感等变量的潜在作用;另一方面则从乡村振兴战略下建设"懂农业、爱农村、爱农民"的"三农"基层工作队伍的视角出发,为基层农技推广人员更好地投身于现代农业建设提出相应的激励策略。

1.5 研究方法

本研究的相关研究主要涉及农业推广管理、组织行为、人力资源管理、福利经济学等科学领域，在坚持实证主义研究范式的基础上，用到的具体研究方法包括以下几种。

(1)文献研究法。本研究围绕“(基层)农技推广人员”“组织公平(感知)”“社会资本”“主观幸福感”“组织公民行为”等主题，搜集、阅读并梳理了国内外相关的理论与实证研究成果。一方面认真分析了已有研究存在的不足，并进一步确立了未来研究的重点与方向；另一方面则明晰了各变量间潜在的关系路径，为下一步的理论模型和假设构建打下基础。

(2)访谈法。围绕研究的核心构念和主题，本研究还安排设计了与不重复抽样选中的基层农技推广人员进行半结构化访谈。一方面在于了解作为样本的基层农技推广人员的基本背景信息，如性别、年龄、收入水平、工作年限、技术职称情况等；另一方面在于了解被调查者对于问卷问题的真实想法，这既可以作为核实其问卷填写结果真实、有效的重要依据，又可以为最终深层次地提出基层农技推广人才激励措施和建议提供翔实可信的素材。

(3)问卷调查法。由于量表在测量人们的态度、看法、意见等主观性较强的内容方面具有很大的优势，故本研究中的问卷主要以李克特(Likert)7点量表形式出现。在参考国内外较为成熟的量表基础上，针对基层农技推广人员这一群体，本研究为组织公平感知、社会资本、主观幸福感、组织公民行为等变量设置了具体的测度题项。依托所设置的量表，本研究在实地调查中主要采用了简单随机抽样中的不重复抽样来抽取本次的调查对象，主要采取了现场填写调查问卷并辅助以深度访谈的形式展开，要求被调查的基层农技推广人员以其实际情况为依据填写量表。从问卷调查而获得的大量一手数据和信息，为进一步的模型构建及假设检验奠定了基础。

(4)定量分析法。在研究中，定量分析法主要为数据资料的分析与表达服务。基于访谈及问卷调查的一手数据，本研究主要用到了回归分析的方法。本研究检验各单变量间的关系假设时，在引入控制变量的基础上，主要采用了多元回归分析；检验主观幸福感的中介效应假设时，则主要采用了层次回归分析法，所采用的数据处理软件为 SPSS 20.0。除此之外，在对多因子结构的变量进行验证性因子分析时，还用到了 SPSS AMOS 20.0 软件。

1.6 研究的创新和不足

1.6.1 研究的创新

(1)研究理论的创新。具体表现在：首次针对政府基层农技推广人员这一群体，划分并界定其组织公民行为、社会资本、组织公平感知、主观幸福感构念具体的内涵维度，设计出相关的测量量表并实证检验了其信度、效度和解释力；创新性地引入主观幸福感作为中介变量，建立起了一条融合了多变量的创新性分析路径，一是探究了主观幸福感对于组织公民行为的影响作用。二是探索性地检验了基层农技推广人员的社会资本对于其主观幸福感、组织公民行为的影响。三是挖掘了组织公平感知对组织公民行为作用机制中的“黑箱”，弥补了基层农技推广人员绩效研究的不足，同时为政府部门绩效评估、效能提升研究提供了参考。

(2)研究方法的创新。在研究方法上,学界有关基层农技推广人员的研究基于理论推演的较多,尤其是基于自身经验主观推断较多,其次是案例研究。这主要是因为展开相关的实证研究需要建立起一整套逻辑清晰的分析框架,这涉及变量解构、路径探究等一系列复杂的问题,既存在着很大的难度,又需要耗费很长的时间和很大的精力。本研究从人力资源管理、组织行为学相关领域视角出发,在区分界定基层农技推广人员组织公平感知、社会资本、主观幸福感和组织公民行为的核心内涵、主要维度的基础上,通过基于问卷的统计性实证分析方法对核心构念彼此关系间的论证以及验证变量所产生的中介效应的相关假设,均体现了本研究在研究方法上的特色。

1.6.2 研究的不足

受个人水平以及时间、精力所限,本研究在以下 3 个方面还存在着不足之处。

首先,本研究的实证研究主要基于对山东省滕州市的 200 个基层农业推广人员的调研,虽然数据样本已足以展开回归分析,但是从总体上看,数据样本总数仍然偏少,这也就意味着相比于更多的样本数量,数据解释力略显不足。

其次,本研究的实证研究主要针对某一特定区域,其目的在于尽可能地消除地区间的一系列差异,如政策、待遇等对于主要变量的干扰作用,但这也产生了样本代表性问题,即山东省滕州市属于我国农业发展水平较高的地区,农业推广工作开展较好,得出的相关结论是否可以普及到全国层面仍需要进一步探讨。

最后,本研究在实证研究中对核心变量的测度主要采取了主观量表的形式,即更多的是横截面的数据,换句话说,横截面数据只能反映调研中某一时间点的状况，对于本研究得出的因果关系推论存在着一定误差，尤其是对主观幸福感这一变量影响较大，因为主观幸福感知随外界环境变化可能产生一定的波动。一般而言，具有因果关系的变量间是存在时间先后顺序的，在条件允许的情况下，未来的研究可以采用时间序列方法等，对同一批次的被访农技推广人员进行持续跟踪监测，利用面板数据对研究变量间的因果关系再进行检验，以提升结论的科学性。

第2章

文献综述

2.1 组织公平感知的相关研究

自从 Adams(1965)提出公正理论(equity theory)以来,公平理论的研究发展正在逐步深化,从最开始的分配公平概念逐渐发展到分配公平和程序公平的二元结构,再发展到分配公平、程序公平和互动公平的三元结构等,公平理论也逐渐形成了自己的研究框架,并不断拓展到组织间互动的领域,成为解释组织行为、组织绩效的重要理论依据。组织公平研究的相关理论概念框架较为清晰,在理解的一致性程度上较高。本研究主要从组织公平的主要内涵维度以及组织公平产生的影响效应两方面对相关文献进行梳理。

2.1.1 组织公平内涵维度的相关研究

早期对于公平的研究主要集中于分配公平的讨论,这一概念最早源于 Adams(1965)所提出的公正理论,分配公平关注的焦点在于薪酬分配的公平性及其对员工工作积极性和能动性的影响，此时公平的概念大致等同于分配公平。大部分学者对于分配公平关注的是分配公平对比后的行为视角，如 Adams(1965)指出员工通过比较自身投入与产出的比率(公平比率)，来确定自己所获得的分配收入是否合理，并以此为依据来选择今后的工作行为，若公平则采取积极合作的行为，不公平则消极怠慢。还有一些学者如 Leventhal(1976)则认为分配公平是指个体如何主动地追求实现分配公平，即人们面对不同的情形有自己的主观能动性，可以通过应用不同的分配准则来制定相应的分配策略。

在此之后，Thibaut & Walker(1975)进一步提出了程序公平的概念，他们认为只要人们能够了解决策过程的程序和制度，并且可以在较大程度上对程序实施有效的影响，那么结果的好坏并不会显著地影响人们的公平感。Leventhal(1980)在此基础上提出了评估程序公平的六项准则，包括一致性、准确性、偏见规避、可修正、代表性和道德准则，从程序的制定、执行和完善三方面来考量程序是否公正公平。

Bies & Moag(1986)提出了互动公平的概念。最初的研究将互动公平视为程序公平的一部分，后来逐渐发现互动公平和程序公平是相互独立的。互动公平强调了在组织内部上、下级之间互动过程中，下级对两者互动方式的主观公平感知。至此，最被学界所认可的组织公平的三元结构已经形成。还有一些学者如 Greenberg(1990)在互动公平的基础上又进一步地划分为人际公平和信息公平，前者是指对于人际交往中所感受到彼此受到的待遇的一种感知，如尊重、友善等，后者是指个体感受到的彼此交互间对于某问题阐释程度的感知，这种四元结构论也得到了一部分学者的推崇。

从整体上看，无论是组织公平的三元结构还是四元结构，彼此间的内涵维度边界都十分明晰，从分配结果、决策流程、彼此间的互动等方面对于公平感知进行了界定，学界在组织公平的内涵上的认可一致性程度较高。

2.1.2 组织公平感知影响效应的相关研究

综观学界，在实证研究中，组织公平感知变量更多的是作为解释变量而存在的，有时一些学者还会引入其他一些中介变量或调节变量以更好地解释组织公平感知的影响效应，这些主要的影响效应包括以下 3 个方面。

第一个方面是对个体情绪感知的影响。Lambert et al.（2003，2007，2010）以美国中西部最高安全级别私营监狱中的雇员为调查对象，通过建立多变量模型，实证分析发现分配公平和程序公平均对员工的工作满意度有显著的正向影响；组织公平中的程序公平维度不仅对员工的工作满意度，而且对员工的生活满意度都具有显著的正向影响。Frenkel et al.（2012）以中国两大制造业企业中的一线车间员工为调查对象，通过建立结构方程模型验证了组织内部独特的、有吸引力的并且持续实施的人力资源管理政策可以显著地促进员工的组织公平（包括分配公平、程序公平和互动公平）感知，但是只有分配公平显著地负向影响消极情绪，这些消极情绪进而会导致员工情绪倦怠与衰竭，他们认为产生这种结果的重要原因在于这两大制造企业的一线员工多为外地农民工。Barclay & Kiefer（2014）通过实证研究发现员工的整体公平感知与其外显的积极和消极情绪密切相关。

第二个方面是对绩效结果的影响。这里的绩效结果既包括了常见的任务绩效，也包括行为绩效，即包括组织公民行为和越轨行为等。Cohen & Avrahami(2006)基于对以色列 241 位医院注册护士的调查发现，她们的组织公平感知对于其组织公民行为有着明显的正向影响，除此之外信奉集体主义者、已婚者和工作经验更少者展现出了更多的组织公民行为。Lavelle et al.（2009）通过实证研究发现程序公平和组织承诺都对员工的组织公民行为有着显著的正向影响，而且组织承诺在程序公平和组织公民行为之间起到明显的中介作用。Farid(2018)以巴基斯坦白沙瓦市某公立医院护理人员为样本,研究发现组织的互动公平、分配公平和程序公平对于护理人员的组织公民行为有积极而且直接的影响,且伊斯兰工作伦理在两者之间起到了明显的调节作用。翁清雄等(2014)以安徽省196位基层政府公务员为样本,实证研究发现对基层公务员来说,组织公平的两个维度——程序公平和互动公平对于组织公民行为具有显著的正向作用,且组织支持感在两者之间起到了明显的中介作用。

第三个方面是对一些工作中行为、态度、认知的影响。这方面的研究成果较多,如对于员工组织信任、承诺、忠诚度、工作倦怠、离职行为等的影响均属于此类。Colquitt et. al(2001)研究发现分配公平和程序公平对于员工离职意愿的影响较为明显,而互动公平则显著影响了员工对于权威和领导的评价。王永刚(2012)以高校教师群体为研究对象,实证研究发现高校教师的分配公平和程序公平感知对心理契约违背的消极影响显著。惠艳和周喜革(2014)实证研究发现,基层员工的组织公平感知与员工的沉默行为显著负相关。张燕等(2015)以3家中国服务行业的员工为调查样本,实证研究发现分配公平感知和程序公平感知都与个体心理安全感显著正相关。杨帆(2017)实证研究发现程序公平、互动公平和分配公平均对工作倦怠产生负向影响,前两者对于工作倦怠形成具有更大的影响。

组织公平感知变量还经常作为调节变量而存在,作为一种情境变量来检验其他变量间的相互作用机制。如徐双敏和王科(2018)实证检验发现组织公平感知在辱虐管理与公务员反生产行为之间起到了正向的调节作用。组织公平变量除了应用于对个体的研究外,有时还应用于组织层面的考量,如史会斌和吴金希(2013)以山西省、山东省、陕西省、河南省4省医院之间的合作关系为基础,实证研究发现在任务环境和制度环境影响下所形成的联盟中,以承诺作为聚焦的联盟合作行为,随着任务环境影响的增大,分配公平对联盟承诺的影响降低,而程序公平对联盟承诺的影响则在增强;随着制度环境、特别规制环境影响的增大，分配公平和程序公平对联盟承诺的影响都提高了。

2.2 社会资本的相关研究

自从20世纪80年代Bourdieu首次在社会学领域引入社会资本的概念以来，经过了30多年的发展，经济学、管理学、社会学领域围绕着社会资本已经形成了广泛的研究流派，以不同学科为背景取得了较为丰硕的研究成果。尽管如此，学界对于社会资本的研究逐渐走上了泛化，和其他理论不同，尽管很多人也采用“社会资本理论”的表述方法，但是至今学界仍未对于社会资本的内涵形成一致的定义。因此，本研究主要梳理了学界对于社会资本的概念内涵和维度测量的主要讨论。

2.2.1 社会资本内涵的相关研究

(1)社会网络观/社会资源观

社会网络观或者社会资源观主要是社会学领域的学者们所坚持的，这也是因为社会网络理论中的弱关系理论、关系嵌入理论、结构洞理论以及社会资源理论等被引入到对社会资本的解释之中。具体来看，Bourdieu(1985)第一次将社会资本与社会网络联系起来，认为社会资本是实际或者潜在资源的集合体，这一集合体大小取决于联系网络的规模大小，即拥有多少资源。这一联系网络是一种体质化关系的网络。在此基础上，他认为人们的资本按照形式可以划分为经济资本、社会资本和文化资本。Coleman(1988)则从社会资本的功能角度出发进行定义，认为社会资本具有社会交往的性质，既不属于个人也不存在于物质生产的过程中，反映在现实中其具有各种形式的不同实体，具有两个共同特征：它们为结构内部的个人提供行动便利，它们由构成社会结构的各要素所组成。他进一步具体化了社会资本的四种形式：存在于社会关系内部的信息网络、规范和有效惩罚、义务与期望、权威关系。Burt(1992)则利用结构洞理论对社会资本进行了解释，他指出，无论对于个体、群体还是组织而言，当占据了交换资源的良好位置时便有利于资源的占有，只要群体内部网络是闭合的，而在外部的网络结构中处于结构洞“桥”的位置上，它们就拥有更多交换的机会，掌控较多的资源，那么它的社会资本就是最大的。Lin(林南，2005)则从社会资源理论对社会资本进行了定义，他指出，社会资本是嵌入于社会结构中的，在目的性活动中可以获取和动员的资源，这里的资源可分为作为人力资本的个人资源与作为社会资本的社会资源两种，个人资源可以通过他人转让、自我努力或双方交换三种方式获得，社会资源既包括他人的永久性资源，也包括他们通过等级制结构中的位置控制的资源。边燕杰和丘海雄(2000)、邵安(2016)将以上的观点进行总结，认为社会资本是由社会网络中的嵌入性资源、获取资源的能力、动用的意识与行为三部分构成。

(2)社会信任与规范观

Fukuyama(福山，1995)将社会资本等同于人与人之间的信任程度，认为社会资本是群体成员之间共享的一套非正式的可以使之合作的价值观念和准则规范，因其趋同性可以产生对成员的信任，从而促进合作行为。归根结底，社会资本体现一种网络成员中的信任，这种信任突破了个体的限制，可以拓展到群体、社区范围。Putnam(2001)认为社会资本是“由一系列的信任、网络和规范构成的，这种具有组织性质的网络可以促进集体合作意愿的达成”。他重点强调了信任的重要性，指出公民间的信任与合作行为达成与否成正相关。他进一步提出社会信任是社会资本的最关键因素，而互惠规范和公民参与网络促进产生社会信任。

(3)综合观

综合观的主要代表人物是 Nahapiet & Ghoshal(1998),在综合诸多学者观点的基础上,他们将社会资本划分为结构维度、关系维度和认知维度。社会资本的结构维度代表着个体的网络地位,这涉及了网络参与者之间的关系方式和网络稳定性;关系社会资本描述了人们相互之间通过相互作用的历史所发展的各种关系,即伙伴之间信任、义务和相互作用的程度;认知社会资本是指通过共同的表示、解释和话语体系向伙伴提供资源。

从总体上看,尽管学界对于社会资本的定义各不相同,但是社会资本的价值和意义可以从微观、中观和宏观三个角度来看待。从宏观角度来看,社会资本给我们提供了一种视角来探究某一群体、组织、社区乃至国家和地区的比较优势是如何获取的——不仅在于物质和人力资源,而且在于社会性的资源,即它们内部和外部的关系网络存在比较优势。从中观角度来看,社会资本则提供了一种视角来反映个体与组织的互动与联系,从而解释在组织框架下,个体之间的行为互动如何导致了整个社会结构的建立和重建,并解释社会结构是如何制约和激励个体行为的(边燕杰,2006)。而从微观角度来看,社会资本帮助我们认识到某些个体的理性行为和非理性行为比其他人更成功的原因在于这些个体的人际关系网络不但存在优势,而且可以转化为实际上的优势。

2.2.2 社会资本维度测量的相关研究

在社会资本的维度测量方面,国内外学者设计出了很多的测量方法,比较具有代表性的有:Lin(2001)采用关系主体的财富、权力和地位特征等来测量社会资本,并把社会网络的规模、密度、同质性和异质性、内聚性和封闭性作为测量社会资本的候选指标。Nahapiet & Ghoshal(1998)所提出的从结构维度、关系维度和认知维度对于社会资本的测量,结构维度主要包括网络(联结)规模的大小、网络结构的特点、社会互动强度、网络密度等要素;关系维度主要包括信任度、熟悉度、认同度和合作意愿等要素;认知维度主要包括共同的组织行为规则、共同的价值观和工作愿景、共同的组织语言和符号等。国内学者边燕杰和丘海雄(2000)提出了企业社会资本的测度指标:企业法人代表是否在上级领导机关有过任职经历;企业法人代表是否在跨行业的其他企业担任过领导职务;企业法人代表是否有广泛的社会交往和联系。

从这些测量方法的影响力来看,Nahapiet & Ghoshal(1998)所提出的测量维度结构得到了较为广泛的认可,很多学者在细化完善其测量维度的基础上提出了自己的测量量表。

2.3 主观幸福感的相关研究

2.3.1 主观幸福感的内涵与维度相关研究

随着时间的推移,人们关于幸福内涵的理解也逐渐深入。从荷马时期的幸运、智慧、德行到认识到幸福代表着人类在精神和物质上的全面发展、平等、和谐与自由,人们对于幸福的认识上升到了一个新的高度。在西方学者的研究文献中,happiness、well-being、subjective well-being、psychological well-being、quality of life、life satisfaction 等词都曾用来指代过幸福感。在中国目前的幸福感研究中,用得较多的词组是主观幸福感、幸福感、生活满意度等,且这些词一般被认为具有相同的含义。20 世纪 50 年代起,幸福感的相关研究逐渐形成了两条主线,一种认为幸福感是一种以快乐为导向的"主观幸福"感受,另一种则认为幸福感是一种在自我实现过程中逐步获得的“客观幸福”，不是个体的快乐。慢慢地，主观幸福感(Subjective Well-Being)成为研究的主流，从心理学领域，特别是积极心理学研究领域逐步被引入到经济学、管理学、社会学的研究领域中来。当前大部分学者都是基于个人的主观感受来探讨幸福，故主观幸福感被认为是个人根据自身的感知和判断对其自身生活质量所进行的综合评价。

Diener(1984)对于主观幸福感划分维度的研究得到了大多数学者的认同，对概念的内涵、维度和测量较为清晰明确，基本奠定了主观幸福感的基础研究框架。他认为，主观幸福感主要包括认知和情绪体验两个基本部分，人们对于生活的满意程度属于主观幸福感的认知部分，具体来讲，生活满意度是指个体对自身生活的总体质量的认知评价与满意度判断；而情绪体验部分则包括积极情绪(包括愉快、开心、爱意等)和消极情绪(包括悲伤、生气、焦虑等)两方面，并且积极情绪和消极情绪之间不具有必然的相关性，在某种程度上来讲是彼此独立的。之后，Diener et al.(2004)又扩展了主观幸福感的认知维度，他们将认知维度，也就是生活的满意程度进一步划分为整体的生活满意度和特定领域的满意度，特定领域的满意度对于不同的群体来说各有不同，主要包括对工作、健康等诸多因素的满意度判断，他们认为特定领域的满意度得分不仅可以反映生活满意度判断的整体构成，而且还能映射出个人总体幸福感的关键信息，此外从实证研究角度考虑，他们还开发了配套的主观幸福感测量量表，经过检验，这种四要素划分方式也具备了很高的收敛和区分效度。基于这一量表，一些学者也进行了拓展，大致的测量方法包括自陈测量法、即时情绪测量法、旁观者反馈法等。

2.3.2 主观幸福感的影响因素研究

国内外学界对于主观幸福感的研究主要集中于对其影响因素的研究。关注的群体也较为多元，从普通居民到各类学生、教师，再到运动员、警察、飞行员等特殊职业群体均有相关研究。除此之外，空巢老人、留守儿童、抑郁症患者、农民工及其子女、农村青少年等弱势群体也逐渐得到了关注。这些影响因素，归纳起来可以划分为经济因素、人口学特征因素、外部环境因素3个方面。

(1)经济因素

在经济要素方面，影响因素主要包括收入、失业、通货膨胀和住房等几个方面。

①收入因素

在收入因素方面，主要包括绝对收入、相对收入和收入不平等/收入差异3个主要方面。在研究的早期，大部分学者都将关注点放到了绝对收入水平对于居民或者不同群体主观幸福感的影响上，认为绝对收入的增长的确会带来幸福水平的提升，不过幸福水平的提升速度会随着收入水平的提高而递减，即收入带来的幸福边际效用会不断递减，当绝对收入达到并超过这一水平后，幸福不再随收入增长而提升，便出现“幸福悖论”(Easterlin，1974、2001)。这一现象，无论是在静态的面板数据下还是在动态数据下均得到了验证。针对前者，Clark et al.(2005)利用面板数据分析显示，在控制了个体特征要素的影响干扰后，尽管收入依然与幸福感保持正相关，但是收入对于幸福感的边际效用随着收入的增加而下降；针对后者，Clark et al.(2008)在实证检验英国、德国、法国、荷兰、意大利五国1973—2004年主观幸福感的变动趋势时发现，尽管30年间五国人均收入大幅提升，但居民的主观幸福感水平并没有大的改变，即验证了Easterlin(1974)的研究结果。从国内的研究来看，林江等(2012)也实证研究发现收入可以显著增加居民的幸福感，但随着收入的增加，这种幸福感的增加量递减。此外，李想等(2009)实证研究发现，收入对我国居民幸福感有很强的影响作用，高收入者的幸福感要显著高于低收入者的幸福感，这也与Diener et al.(1995)研究发现的富国居民比穷国居民更幸福的结论相一致。

综上，在绝对收入方面，国内外学者得出的较为一致的结论可以总结如下：对于同一国家或地区来说，当收入处于较低水平时，收入的增加能显著提升居民的主观幸福感，但这种增长达到并超过一定水平后，居民的幸福感水平增长就不再显著；从时间维度看，对于同一国家或地区来说，短期内收入的增加能显著提升居民的主观幸福感，但从长期来说，收入的增加不能持续提升居民的主观幸福感；对于特定国家的特定时期或者某一国家的具有发展水平差距的地区，收入可能显著提升居民的主观幸福感；发达国家比发展中国家居民的主观幸福感整体水平高，但收入提升带来的提升效应在发展中国家更显著。

在相对收入方面，Easterlin(1995)指出，个体主观幸福感主要取决于相对收入而不是绝对收入，相对收入的引入可以更好地解释“幸福悖论”，既可以较好地解释个体的主观幸福感随着自身收入增加的同时却下降的现象，也可以解释整个社会的主观幸福感为何没有随着国民经济收入的增长而增加的现象。此后，针对如何定义这种相对收入的概念，学者们主要采用了三种方式，第一种是以高、中、低三等收入来设置对照组，这也是较为常用的一种方式，第二种是以自身收入的纵向比较作为相对收入的测度，第三种是引入了预期收入的概念，Graham & Felton(2006)使用这三种方式构建相对收入时发现，这种测度下均对于主观幸福感有显著的正效应，这一结论也和国内很多学者得出的结论相似，任海燕和傅红春(2011)采用省、市、区平均收入、对过去自评收入和未来预期收入三种方式来测评相对收入后，其对于主观幸福感的正效应依旧显著，且会减弱绝对收入对主观幸福感的正效应。刘成奎和刘彻(2018)等也都得出了类似结论。

在收入不平等和收入差异方面，对于主观幸福感的影响作用在学界还较有争议，Graham & Felton(2006)等一些学者认为收入不平等会显著降低居民的主观幸福感，但相反，Clark(2003)等学者却得出适度的收入不平等会增加个人的主观幸福感水平。国内学者们的结论更偏向于前者，胡洪曙和鲁元平(2012)对于老年人群体,陈池波和李成豪(2016)对于普通居民的调查,均显示收入不平等会显著降低主观幸福感水平。这种结果的区别,可能与国家、地区差异有很大关系,未来可能需要更加深入地去探索中介机制以揭开这一“黑箱”。

②失业因素

失业因素主要包括个体失业以及全社会的失业率两个方面。从个体失业来看,国内外学者们的观点较为一致,Clark(2003)等一些学者均验证了失业会显著地降低个体的幸福感水平。但这一影响程度会受到一些人口统计变量的影响,如 Clark & Oswald(1994)发现失业对于青少年和老人的影响较弱,对中年人幸福感的影响就很大;失业使低学历者幸福感降低的幅度小于高学历者降低的幅度。Clark(2003)发现相对于女性,失业使得男性幸福感水平下降的程度更大。而从整个社会的失业环境来看,即考虑失业率层面,失业率对于居民幸福感的显著负向作用被大家所认同,但 Clark(2003)也指出,若任何国家或者地区的失业率达到非常高的水平时,增加的失业率对于主观幸福感的影响就会下降。国内学者米健(2011)也得出了类似的结论,实证结果显示我国居民的主观幸福感水平与失业率呈现出正 U 形关系,换句话说,尽管失业会降低居民的幸福感,但随着失业率的增加,周围人处于失业状态,失业带来的痛苦反而会降低了。

③通货膨胀

综观国内外学界,学者们对于通货膨胀显著负向影响个体的主观幸福感的观点较为一致,Di Tella et al. (2001、2003)、周雅玲等(2017)均证实了这一结论。同时,在失业和通货膨胀哪一个对主观幸福感的负向影响更强烈的问题上,Di Tella et al. (2001、2003)实证研究发现,失业对于幸福感的负向影响远超过通货膨胀。周雅玲等(2017)进一步发现,通货膨胀能够显著降低城镇居民的主观幸福感,且对“无房”城镇居民主观幸福感造成的负面影响更为强烈。米健(2011)也指出,通货紧缩和通货膨胀都会降低居民的主观幸福感,温和的通货膨胀对于居民幸福感指数最高。

④住房等因素

西方学者中有关注住房对于个体幸福感影响的研究更偏重于从降低家庭流动性、财富的增值角度来讨论的,这种正向作用的结论也被大家所接受。但是由于西方国家与中国基本体制不同,在西方国家的土地私有化背景下得到的结论有时并不能直接用于中国。而我国居民对于住房的偏好较高,住房在我国作为财富的敏感要素,诸多学者针对住房与主观幸福感的研究也较为深入,得到了许多有价值的结论。孙伟增和郑思齐(2016)研究发现,拥有自住房显著增加居民幸福感,城市中越早购买住房的居民幸福感越高,而且不同产权形态的住房对居民幸福感的影响也不同。高红莉等(2014)实证研究发现:住房面积与幸福感显著正相关,家庭住房面积越大,居民主观幸福感水平越高;与没有产权房的人相比,拥有产权房能显著提升居民主观幸福感;居住空间分配越不公平,居民的主观幸福感水平越低;居住环境越好,居民主观幸福感水平越高。杨巧等(2018)利用 CGSS2003 和 2013 的数据对比实证研究发现,在 2003 年,住房产权对城镇居民幸福感影响不显著,但在 2013 年,是否拥有住房产权对居民幸福感的影响有所增强;拥有房产越多的居民幸福感越强,但与 2003 年相比,在 2013 年,增加房产数量并不会使居民幸福感获得更大的提升。

(2)人口学特征因素

人口学特征因素对于主观幸福感的影响是探究最多的话题,涉及很多方面,如性别、年龄、学历、种族、是否健康、婚姻情感生活、宗教信仰、人格特质等。由于这些人口学特征受到样本状况的干扰较大,有时结果会截然不同。因为这些人口学特征要素并不是本研究讨论的重点,因此就不再详细分类一一列举,仅会列举一些比较有代表性的观点和结论。如 Alesina et al.(2005)研究发现,女性倾向于比男性具有更高的幸福感,这是因为女性相对于男性更愿意同时也有更多的表达感情的渠道,女性的生活期望相比于男性也相对低一些，同时男女社会分工的不同也导致了女性比男性更加幸福。Easterlin(2006)的研究表明，人一生中随着年龄的增长，主观幸福感呈现出U形曲线，即人在年轻和老年时的幸福水平较高，中年时幸福水平较低。Helliwell(2003)、Blanchflower & Oswald(2004)研究发现，和睦的婚姻和家庭、规律的性生活能显著增加居民的主观幸福感。亓寿伟和周少甫(2010)通过对2200位55岁以上老人的微观调查，发现无论是心理健康还是身体健康因素，都与城乡老年人幸福感呈高度的正相关。李中权等(2010)基于1163名大学生的调查样本，研究发现神经质和外倾性特质除了会直接影响主观幸福感，还会通过重新评价策略的使用间接影响主观幸福感。雷卫(2016)实证研究发现：学历正向影响居民的主观幸福感；宗教信仰对居民主观幸福感有显著正向影响，相对农村居民而言，宗教信仰对城市居民主观幸福感的影响更显著；宗教信仰弱化了收入和学历对城市居民主观幸福感的影响，而对农村居民并没有显著影响。

(3)外部环境因素

①社会环境

这里的外部环境因素是一种广义的概念，既囊括了社会环境，也包括了自然环境。在社会环境方面，主要包括制度和政策环境，如自由和民主状况、政府的公共支出政策，尤其是社会保障政策、阶层状况和可获取的网络资源环境，即社会资本。对于前者而言，Frey & Stutzer(2000)以瑞士的数据为样本，实证研究发现，民主对于幸福感尤其是高收入者的幸福感有显著的正向影响，同时发现民主权利最大的州居民幸福感水平比最小的州居民幸福感水平要高出11%。从国内的相关研究来看，此方面的研究更多地关注于社会阶层，如闰丙金(2012)研究发现，尽管我国存在着显著的城乡差异，但是社会阶层越高，居民就会越快乐，同时社会阶层变化也能显著提升主观幸福感，这也与西方对于社会流动的研究结论相类似。

在公共支出尤其是社会保障支出方面，Wassmer(2008)研究发现，公共安全方面的支出可以显著提升居民的幸福感。胡洪曙和鲁元平(2012)实证研究发现,增加公共支出有利于促进农民的主观幸福感,公共支出对农民主观幸福感的影响主要是通过增加农民的消费来实现;公共支出中的教育、医疗卫生和社会保障支出等社会性支出是促进农民主观幸福感的主要支出,其他支出对农民幸福感并没有显著影响;公共支出对不同收入等级农民主观幸福感的影响有显著差异,它对低收入农民幸福感的影响最大,低收入人群的消费水平较低,他们更加依赖于政府的公共支出。殷金朋等(2016)实证研究发现,社会保障支出、财政社会保障支出和社会保险基金支出人均值的提高均有利于居民幸福感的提升,但人均财政医疗卫生支出抑制了居民幸福感的提升;除财政社会保障水平外,其他各项社会保障水平与居民幸福感之间均存在U形关系。

在社会资本方面,Winkelmann(2009)利用德国社会经济调查小组1984—2004年的数据进行实证研究发现,社会资本对于个体的幸福感水平有着显著的正向影响,但是社会资本并没有在失业和主观幸福感之间起到明显的调节作用。Puntscher et al.(2015)在将社会资本划分为制度信任、一般信任、强联结和弱联结四种维度的基础上,利用欧洲价值调查2008年的数据结果,回归分析发现这四种社会资本的子维度对于主观幸福感的幸福(happiness)维度具有显著的正向影响,除强联结外的其他三种子维度对于主观幸福感的生活满意度维度具有显著的正向影响。在我国,有关社会资本对于主观幸福感的影响研究成为近几年的热点研究话题,李平和朱国军(2014)基于居民社会网络变迁的视角,以CGSS中国综合社会调查2006年的数据为样本,进行回归分析后发现社会资本对居民幸福感影响显著,社会网络基础上形成的居民现代社会资本的重要性已经超过以血缘关系为基础形成的传统社会资本,同时进一步发现现代社会资本给予城镇外来居民、城镇移民和独生子女以更高幸福感,而给予本地居民和非独生子女的幸福感较低。申云和贾晋(2016)则另辟蹊径,分析了收入差距与社会资本的交互作用对居民幸福感的影响,通过构建 O-Probit 和 IV-Probit 模型,研究发现社会资本对居民幸福感的提升具有正向显著影响,同时能够减缓收入差距对居民幸福感的不利影响,而这种积极效果主要发生在农村地区。

除此之外,个体与社会交互关系基础上形成的主观感知也受到少部分学者关注,如 Diener(1999)从社会比较的角度研究发现,那些幸福感水平较高的人喜欢与那些不如自己的人做比较,幸福感水平较低的人更倾向于与比自己更加优秀的人做比较。

②自然环境

自然环境与居民的主观幸福感也存在着密切的关系,良好的自然环境可以让人们拥有更为健康的身体和更好的生活方式。而环境污染则会给居民的日常生活带来很多的不便,如交通堵塞、交通限行等,同时给居民和整个社会也带来了巨大的经济损失,降低了整个社会的幸福感水平。国内外学者也对此进行了多方面的研究。Rehdanz & Maddison(2005)研究发现,极端的自然环境,如高温、严寒等均会显著降低居民的幸福感,并预计全球气候变暖会在未来十年内降低人们的主观幸福感。戴红军等(2015)基于 CGSS2006 年的调查数据,研究发现环境质量的改善会显著增加居民的幸福感,且环境质量对幸福感的影响程度,女性大于男性。宋德勇等(2019)利用 CFPS2012 年、2014 年和 2016 年三年的微观数据构成的面板数据进行实证检验,发现居民主观幸福感随着环境规制的增强而不断提升,环境规制影响居民主观幸福感的主观感知效应存在。增强环境规制还可通过改善居民健康状况的健康效应和提升区域绿色技术创新效率的创新效应两种方式间接地增进居民主观幸福感,且健康效应的作用效果强于创新效应。相比中低收入人群、重污染地区和东部地区的居民,增强环境规制对高收入人群、轻污染地区和中西部地区居民的主观幸福感的影响更为突出。

2.4 组织公民行为的相关研究

2.4.1 组织公民行为的内涵与维度划分研究

组织公民行为(Organizational Citizenship Behavior,OCB)概念是由Organ(1988)首先提出的,其内涵被界定为“一种随意的,与正式的奖酬制度没有直接或外显关系,但能从总体上有效促进组织效能的个体行为”。在此基础上,Organ(1997)进一步将组织公民行为的内涵抽象和深化为“能够对组织社会和心理环境提供维持和增强作用,且利于最终任务绩效的行为”。对于组织公民行为的结构维度划分,学界尚未形成统一的意见。Organ(1988)将组织公民行为划分为五个维度:利他主义、礼貌、运动员精神、责任意识、公民道德。Williams & Anderson(1991)则将组织公民行为划分为指向个体的组织公民行为(通过实施对其他特定个体有利的行为,进而对组织整体产生有利影响的行为,简称 OCB-I)和指向整体的组织公民行为(直接对整个组织产生有利影响的行为,简称 OCB-O)两个维度。Podsakoff et al.(2000)提出了组织公民行为的七维度划分:助人行为、运动员精神、组织忠诚、组织服从、个人主动性、公民道德和自我发展。樊景立(Farh Jiing-Lih)则在中国背景下的组织公民行为结构维度研究方面做出了重要贡献,他提出了组织公民行为的四维度十因子结构模型(Farh,Zhong & Organ,2004),四维度代表了四个层面,即自我层面(包括自我培训、积极行动、保持工作场所清洁三个因子)、群体层面(包括人际和谐和帮助同事两个因子)、组织层面(包括保护与节约公司资源、发表意见、群体活动参与三个因子)、社会层面(包括社会公益活动参与和提升公司形象两个因子)。

早期对于组织公民行为内涵与维度的相关研究主要是基于企业组织的，慢慢地，这一概念被广泛地引入公共部门。Vigoda-Gadot & Beeri (2012)强调了公共部门中以变革为导向的组织公民行为，这首先表现在公共部门中的个体应主动掌控自己所处的环境，并做出志愿的、建设性的努力以推动组织功能的变革；其次表现为对所承担服务的不断修正与改进（如设法改进流程、减少不切实际的角色期待等）；最后表现为行为日标定位于让组织受益。周红云(2010)基于西方组织公民行为研究的成果，从中国实际出发，将我国公务员组织公民行为结构划分为利他主义、爱岗敬业、积极主动、公私分明、服务奉献五个维度；叶超(2016)界定了公务员组织公民行为的内涵，即以公共价值实现为目标、由公务员主动实施的创新性公共服务的伦理行为，这种行为是公务员职责之外的且利于组织发展的行为，但这种行为不被纳入政府的薪酬体系中，该行为表现的持续累积对同事、政府和公众具有积极贡献的价值，并认为公务员组织公民行为由家庭维护精神、创新执行行为、利他奉献行为、德行律己行为、谦逊礼貌精神和自我学习行为六个维度组成。

慢慢地，在传统组织公民行为研究的基础上，Choi(2007)、Vigoda-Gadot & Beeri(2012)、Han et al. (2018)等学者们逐渐从中分离出以变革为导向的组织公民行为(Change-Oriented Organizational Citizenship Behavior)或者说是变革型组织公民行为。与传统的组织公民行为强调温和的文明礼貌、利他行为等不同，变革型组织公民行为更为激烈，它强调一种显著的改进，指代那些个人为改变工作状况、组织绩效等，所提出的制度流程、理念改进等的建设性行为，但是这种行为有可能使个体在工作环境中处于一种被动的状态。尽管如此，作为组织公民行为内涵的一种延伸，变革型组织公民行为的概念更强调一种面向未来状态的主动性，不仅仅是传统组织公民行为只关注现状，已经是一种很好的研究补充。

此外，有关组织公民行为是否属于绩效的范畴，在早期也曾有过一定的争论，但是目前看，大多数学者已经接受将组织公民行为纳入绩效测量之中，将其作为一个重要维度。如 Pawar(2013)、Devonish(2013)等均认为，员工绩效的测量需要关注三个维度，第一个维度是任务绩效，也就是角色内绩效；第二个维度是员工的组织公民行为；第三个维度则是员工的消极行为或者说是一些报复性行为、越轨行为。

2.4.2 组织公民行为的影响因素研究

国内外对于组织公民行为影响因素的研究，一直是管理学、心理学领域的研究热点，也取得了诸多的研究成果。学者们试图找寻各种要素变量，加入中介变量、调节变量等，并采用了诸多的实证研究方法来试图打开组织公民行为影响机制的“黑箱”。

无论是针对企业的员工，还是公共部门的员工，这些影响要素大致可以分为两个层面，第一个层面是基于个体的特征变量以及个体与组织交互中所产生的个体感知。第二个层面则是组织环境/情境要素以及相对应任务特征。国内外代表性的研究成果汇总于表 2-1 和表 2-2。

2.4.3 组织公民行为的影响效应研究

目前来看，国内外学界的相关研究更集中于组织公民行为的影响因素研究，有关组织公民行为带来的影响效应研究相对较少，也就是说与组织公平感知和社会资本变量不同，在研究中，组织公民行为更多地作为因变量而出现。Podsakoff et al. (2014)在总结归纳组织公民行为的影响效应时，认为主要包括组织层面、改进业务流程、消费者视角和财政金融四个方面。在梳理国内外相关研究文献后，发现这些影响效应主要集中于其对团队有效性、组织创新、服务质量、文化智力等方面。

表 2-1　个体层面的组织公民行为影响要素

分类	影响因素	代表性研究	主要结论
个体感知（个体-组织交互层面）	组织公平感知	Farh et al. ,1997;Cohen & Avrahami,2006;Farid,2018	正相关
	组织承诺	苏方国和赵曙明,2005;Lavelle,2009	正相关
	组织支持感知	Liu,2009;宗文等,2010	正相关
	组织信任度	Altintas & Baykal,2010	正相关
	心理所有权	Dyne & Pierce,2004;吕福新和顾姗姗,2007	正相关
	自我效能	赵晨和高中华,2014	倒 U 形
	组织成员敬畏感	田野等,2016	正相关
	组织认同	Bellou et al. ,2005;李旭培等,2011	正相关
	心理资本	张晓旭,2013;毛晋平和唐晨,2015	正相关
	个体-组织契合度	赵红梅,2009;Afsar & Badir,2016	正相关
	资质过高(剩)感	马蓓等,2019	负相关
	心理契约履行	余琛,2007;Ahmad & Zafar,2018	正相关
	工作-家庭冲突	Ofelia et al. ,2005	负相关
	工作满意度/快乐工作	Salas-Vallina et al. ,2017;韩锐,2017	正相关
个人特征	人格特质	李靖,2004;范晓阳等,2012	—
	情绪智力	俞彬彬和钟建安,2008;李敬和朱嘉玲,2010	正相关
	获取知识能力/输出知识能力	陈国权等,2013	正相关
	人口统计学变量	Podsakoff et al. ,2000	不相关

表 2-2　组织层面的组织公民行为影响要素

分类	影响因素	代表性研究	主要结论
组织情境要素	职场排斥	吴隆增等,2010;贾波,2014;于鲁宁和彭正龙,2018	正相关
	放任型领导风格	刘朝等,2014	负相关
	变革型领导风格	李超平等,2006;杨春江等,2015	正相关
	交易型领导风格	刘朝等,2014	正相关
	指令型领导行为	Euwema et al. ,2007	负相关
	支持型领导行为	Euwema et al. ,2007;Meierhans et al. ,2008	正相关
	自恋型领导特质	张兰霞等,2017	正相关+负相关
	辱虐型领导特质	Martinko et al. ,2013	负相关
	魅力型领导特质	Babcock-Roberson & Strickland,2010;Zehir et al. ,2014	正相关
	领导-成员交换	林亚清和张宇卿,2019	正相关
	组织社会责任感	何显富等,2011;黄洁和王晓静,2016	正相关
	团队心理安全	唐翌,2005;张燕等,2015	正相关
	团队心理授权	王国猛等,2011;王国猛等,2012	正相关
	组织嵌入	张凤荣等,2018	正相关
	团队冲突	吕艾芹等,2012	负相关
	组织文化/氛围	Chhokar et al. ,2001;Mohanty & Rath,2012	—
任务特征	工作投入	Babcock-Roberson & Strickland,2010;何显富等,2011	正相关
	工作重塑	耿庆岭和韦雪艳,2016	正相关
	任务相依性	黄奇栋和钟健安,2010	正相关

在对团队有效性的影响方面，吴志明和武欣(2005)实证研究发现，人际层面的组织公民行为对团队成员的满意度和团队绩效有积极的影响作用。武欣等(2007)在得出上述结论的基础上更进一步，发现组织公民行为通过群体效能感这个中介变量对团队绩效产生影响作用。苏方国和赵曙明(2005)通过构建结构方程模型实证研究发现，组织公民行为与离职倾向之间显著负相关。王国猛等(2011)以32家企业的568位员工为样本实证研究发现，团队水平组织公民行为在团队心理授权与团队主动性之间具有完全中介作用，在团队心理授权与团队工作绩效之间具有部分中介作用。朱学红等(2014)运用结构方程模型研究发现，面向个人的组织公民行为在理念型心理契约与团队目标达成之间起到完全中介作用，面向组织的组织公民行为在理念型心理契约与团队发展之间起到完全中介作用，面向组织的组织公民行为在理念型心理契约与团队成员满意之间起到部分中介作用。Podsakoff et al.(2014)指出，未来组织公民行为研究的重点仍应是观察其所带来的影响效应，尤其是对团队的影响方面，应该建立起更为复杂多元的模型，加入中介变量，来探讨其对于团队成功完成其任务的能力、团队完成任务时的努力意愿、团队使用资源的效率、团队管理以及社会交互联系的规则、对于团队工作氛围的感知等的影响。

在对创新的影响方面，马文聪等(2010)基于对广东省高科技行业271家企业的问卷调查实证研究发现，组织公民行为对整个组织的管理创新和技术创新(即组织创新的两大维度)有直接正向影响。周辉和夏婷(2013)指出，组织公民行为与组织创新间存在正相关关系，即两者之间是交互影响和促进的，知识共享在组织公民行为与组织创新的关系中起到中介作用。徐鹏等(2016)基于实证分析发现，知识型员工的组织公民行为与创新绩效存在显著倒U形关系；组织公民行为在参与激励与创新绩效的关系中具有部分中介作用，即知识型员工参与激励对创新绩效的倒U形相关关系有一部分是通过影响员工组织公民行为而实现的。在西方，组织公民行为对于创新的积极影响很早就得到了证实(Xerri & Brunetto,2013)。Gerke et al.(2017)进一步延伸了组织公民行为的研究领域,指出了在那些集群组织中,比如供应链组织间,成员间的关系是更为密切的,更有利于彼此间资源交互利用和隐性知识传递,此时更应该考虑组织际公民行为(Interorganizational Citizenship Behaviors),而不仅仅局限于组织内的公民行为。在将组织际公民行为划分为不断进步、利他主义、严谨认真、建设性、服从、忠诚和容忍的基础上,实证研究发现,在创新进程的不同阶段,组织际公民行为均对于这一进程有显著的正向影响。

在其他方面,蒲国利等(2010)实证研究发现,组织公民行为对顾客与员工的交互质量有正向影响;组织公民行为对顾客满意感和顾客的信任感有正向影响。张艳蕾(2012)实证研究发现,组织公民行为对服务质量具有显著的正向影响,组织认同感在两者间起到了正向的调节作用,而工作压力则在两者间起到了负向调节作用。Popescu et al.(2018)试图探索组织公民行为与文化智力之间的关系,实证研究结果显示,尽管组织公民行为的部分组成维度与文化智力之间有弱联系,但是不能将组织公民行为视为文化智力的预测变量。

除此之外,还有部分学者探究了组织公民行为与几组其他类型行为之间的交互关系,如孙健敏和王震(2011)采用三种方式证实了组织公民行为和越轨行为是两种不同的行为类型,而不是一种行为的两种性质不同的表现,新绩效结构观包含这两种行为是完全没有问题的。由于研究视角和测量方法的变迁,目前,从组织公民行为与反生产行为间的关系来看,经历了从最初的同一连续体对立两极,到独立负相关二维结构,再到特定情境下的适度正相关,表现出相当的复杂性。赵君等(2019)引入了情绪与认知两个中间变量分析了两者间发生作用和影响的基本机制,为未来管理实践中如何避免“好士兵”腐败变质成“坏苹果”,同时促进“坏苹果”脱胎换骨成“好士兵”提供借鉴与参考。

2.5 我国农技推广人员的相关研究

2.5.1 我国农技推广人员队伍建设状况的相关研究

目前,学界对于我国农技推广人才队伍建设状况的研究,更多是出于对我国农技推广体系发展状况的关注,学者们试图以农技推广人员为切入点,寻找我国农技推广体系的改革方向。因此,这方面的研究主要集中于立足整体对我国农技推广人才队伍现状、问题及对策的研究。《中国农业技术推广体制改革研究》课题组(2004)对全国7个省28个县1245位专业技术推广人员的调查研究分析结果最具代表性,研究发现,我国农技推广队伍存在的最大问题在于:农技推广人员结构不合理,非专业技术人员过多,推广人员知识断层与知识老化严重,并提出了相对应的解决策略。蔡新职(2011)指出,基层农技人员知识专业结构落后,不能满足农户的实际需求,这种脱节现象长久以来并没有得到政府等相关部门应有的重视,因此,建立长期的、针对培训对象需求的培训机制是必须的,并应该把基层农技人员参加培训学习和成果产出情况作为今后晋升、薪资标准等的重要依据。殷立平等(2010)指出,乡镇一级的基层农技推广组织的经费中用于培训的费用较少,一部分培训经费甚至被投入行政事务的支出费用中,从而直接制约了基层农技培训工作的正常开展。李向光和陈晓伟(2013)则通过考察基层农技推广人才队伍建设状况来阐述打通农技推广"最后一公里"的问题。

此外,还有少部分学者分享了一些地区农技推广队伍建设的经验。张保军(2014)从宏观层面介绍了基层农技推广体系建设中需要把握的关键点,并阐述了河北省基层农技推广的典型做法:创新农技推广服务模式、加快多元协作的推广模式的建立，创新农技推广服务的绩效考评机制、规范奖惩措施，建立以农户的需求为导向的基层农技推广服务模式，加强农技推广人员的综合素质和能力等。张春华等(2014)介绍了江苏省高邮市基层农技推广服务的经验：做足农户与基层农技推广人员的培训工作、以农技推广项目为依托，完善基层农技推广服务体系的建设、充分发挥涉农社会服务组织在基层农技推广中的重要作用、创新基层农技推广服务的思路和模式。李芸(2021)则介绍了公益性推广机构主导的联合示范模式案例和经营性服务组织作为中介的传导服务模式案例，提出了要完善公益性与经营性农技推广融合机制，重点加强农技推广队伍建设，从为农技推广人员减负、提升待遇、完善准入资格、建立“基层农技人员特岗计划”等多个方面提出了相关建议。

2.5.2 农技推广人员下乡推广行为、推广绩效及影响因素的相关研究

面对当前基层农业推广人员队伍的现状、问题，一部分学者试图找出影响农技推广人员下乡推广行为、推广绩效的各种因素，并以此来探索建立新的绩效考评体系。

收入水平与结构、工作经验、学历职称、办公条件等推广人员所处的环境条件要素、自身条件要素被认为是影响农业推广人员推广行为、推广绩效的重要因素。乔方彬等(1999)通过对4个省22个县的农技推广人员调查，发现推广经费短缺、社会地位与收入水平低是影响推广人员行为(减少推广时间)的重要因素。李冬梅和吴燕(2009)基于实地调查发现，农技员收入、地位、年龄、推广经费、对工作的态度以及管理制度等因素对基层农技员的推广意愿及行为具有明显的影响。申红芳等(2010)研究发现，收入水平整体偏低仍是影响农技员推广绩效的主要因素；农技推广人员的收入结构亟

待改进,开发创收比例的增加有助于推广绩效的提高而基础工资对推广绩效缺乏激励;农技推广人员工作经验对推广绩效的影响比学历和职称的影响更为明显。张蕾等(2011)研究指出,基层农技推广人员的职称、编制、明确规定的下乡天数、推广计划对基层农技推广人员的推广行为有显著的正向影响,并提出了提高基层农技推广员的整体素质水平、明确基层农技推广人员的工作职责、制定严格的推广工作绩效考核制度的政策建议。

还有学者认为,与农业推广相关的现行制度是影响基层农技推广人员推广行为与推广绩效的重要因素。胡瑞法等(2004)的研究表明,除收入水平和社会地位外,推广经费、推广组织的单位性质、推广组织的管理方式是影响基层农技推广人员从事推广工作时间的重要因素。智华勇等(2007)通过计量经济模型的实证分析,揭示了在不同的管理体制下,基层农技推广人员从事公益性技术推广职能与政府投入的潜在关系。张蕾(2010)基于全国"水稻科技入户"项目,从经费保障制度、工作设计制度、人员管理制度、推广机构对外合作发展管理制度四方面出发,探讨了机构管理制度对农技推广人员行为的影响。申红芳等(2012)以全国14个省42个"水稻科技入户示范县"的基层农技推广人员为调查对象,研究发现,"水稻科技入户示范县"所建立起的农业技术推广人员的考核激励机制对农技推广人员的行为和绩效有显著影响,以农户为调查对象、以客观指标为评价标准的考核能够显著改进其推广行为,提高其推广绩效,但不同激励模式的激励效果存在较大差异。申红芳(2012)实证研究发现,公益性业务活动是基层农技推广人员的主体工作,但是存在开发经营收入和活动的农技员并未显著削弱推广行为和绩效,相应的管理制度应该可以更加柔性。

除上述两种影响要素外,一些学者开始利用人力资源管理、组织行为研究领域的一些理论、技术和方法,从组织层面的要素出发来考察对农技推广人员行为的影响、建立起相应的农技推广人员绩效考评体系等。申红芳等(2014)在分析基层农技人员对基层农技推广组织环境满意度的基础上,研究发现：农技推广人员对管理职能和业务环境指标的满意度较高，对保障性指标的满意度较低；管理体制和组织环境对推广行为有显著影响，保障性指标对推广行为显著正相关，而管理职能和业务环境指标对推广行为影响不明显。许贝贝等(2017)引入了绩效管理领域的平衡计分卡，利用其4个主要维度设计了基层农技推广人员的绩效评价指标，并运用了层次分析法确定了指标相对应的权重系数。

2.5.3 农技推广人员激励机制研究

与国外诸多将农技推广人员的激励机制研究归于人力资源管理研究的范畴不同，国内学界大部分的相关研究仍更多是农业推广领域的专家学者基于理论层面的探讨，而这种探讨大多是基于自身的实践经验或者是对部分推广组织管理者、农技推广人员的个案访谈。

胡瑞法等(2006)针对当前存在的问题，设计出基于农户需求的技术推广机制示范研究方案，通过“责任人”的承诺，建立相应的考核标准与办法，使考核与评价程序可操作性更强。李立秋(2007)认为，除了精简农技推广人员和提高其工资外，必须建立与之相适应的激励与考核机制，实现农技推广人员责、权、利的统一。杨忠娜等(2009)则建议通过创新人事管理制度、开展农业技术培训、建立多元投资方式等来提高基层农技人员从事推广行为的积极性。黄季焜等(2009)的研究也显示，中国的农技推广体系缺乏激励机制，2005年，农技推广业绩与收入挂钩的农技推广人员仅占20%；即使在实现了农技推广业绩与收入挂钩的地区，农技推广人员之间的收入差距也较小，难以持续激励农技人员从事推广工作。骆永亮(2010)认为，需要采用以质定酬的绩效分配方式，实行绩效工资与服务质量相挂钩的考核方法，采用责任落实制度，服务区域落实到每个基层农技推广员，并实行农技推广人员的姓名、职称、服务电话、办公地点的“四公开”，以此提高基层农技推广人员的工作效率。王丽颖(2011)的研究得出,可制定“双挂钩”的考评机制,双挂钩分别指薪酬等级与基层农技推广人员的岗位职责、工作绩效相挂钩,考评结果与以后的晋升、业务培训相挂钩,并对相应的考核指标赋予合理的权重,强化考评结果的有效落实,做到劳有所得。丰军辉等(2017)实证研究发现,46 岁及以上年龄段的男性、文化程度在大专及以上的具有高级职称基层农技推广人员的工作积极性最高;行为态度、主观规范和知觉行为控制均会显著影响基层农技推广人员工作积极性,且程度依次降低;工作认可度、待遇满意度及自我成就感与工作积极性正相关;单位同事示范作用、农户信任对基层农技推广人员工作积极性具有显著正影响;而地方政府重视不足和技术设施条件落后则会显著抑制其工作积极性。邓泰安等(2018)基于广东 1880 名农技推广人员的问卷调查,实证研究发现,从业年限、待遇满意度、推广机构的管理机制、修订实施《农业技术推广法》、农民的评价等对农技推广人员工作积极性有显著性影响。董杲和萧鸣政(2019)从主观幸福感的视角出发,通过构建多元有序 Logistic 模型,实证研究发现,基层农技推广人才所在组织的工作条件、组织分配公平感知、组织程序公平感知、规范承诺、关系性社会资本以及外部的宏观环境对于其主观幸福感有显著的正向影响,而基于组织的机会承诺对于其主观幸福感具有显著的负向影响,进而提出了相应的激励策略。

2.6 文献简评与总结

通过以上对国内外相关文献的梳理与分析,可以发现已有研究还存在许多不足之处。

(1)从组织公平的相关研究来讲,尽管对于组织公平感知的结构维度划分以及测量等已较为清晰完善，且组织公平对于绩效、满意度等结果变量的影响作用也已经得到了很多实证检验，但是具体的影响机理、影响机制“黑箱”尚未很好地被揭开，这些具体的影响路径还需要进一步挖掘，以明晰其内在的因果关系。比如，尽管一些实证研究发现组织公平感知对于主观幸福感、组织公民行为等都具有显著的正向作用，但是相互间的影响作用机制、机理等并没有解释清晰，是否这些变量间具有更深层次的因果关系？是否存在着中介或者调节关系？这些都需要经过更加细致深入的研究。

(2)从社会资本的相关研究来讲，存在着一些不足：一是学界对于社会资本的内涵争议很大，至今仍未取得一致性的被广泛认可的定义，因此，“社会资本”严格意义上讲并不能算是一种理论，更偏向于是一种实证解释工具，目前学界的研究泛化也佐证了这一点。在这种背景下，更应该偏重于对特定情境或者特定群体中进行社会资本内涵维度的界定，而不是总在宏观领域上进行定义争辩。二是社会资本测度量表应用不科学严谨，如一些城市居民的社会资本量表被直接用于测量农村居民的社会资本量表，甚至并以此作为对照来分析研究结论的异同，显然是不科学严谨的，未来的研究需要针对不同人群开发相对应的测度量表。三是社会资本相关研究的实践指导意义尚不明晰，未来的研究更应该从微观或中观的视角去研究社会资本，深入挖掘社会资本在人人之间/人与组织交互之间的表现及其对于行为、绩效等的影响作用机制，从而为实践中如何“扬长避短”，建构社会资本网络并发挥积极效用给予意见和建议，而不是总基于一些滞后的普调整体面板数据去列举一些可能的关联，做一些数字游戏。

(3)从主观幸福感的研究来看，学界相关研究的不足在于：一方面，更多地将主观幸福感作为一个因变量，个体主观幸福感进一步发挥的影响效应还很模糊，而很多心理学界学者已经实验证明情绪体验、满意度等主观感受很大程度上会影响其行为；另一方面，国内的大部分主观幸福感研究都是针对城乡居民的，并利用 CGSS 的数据为样本进行题项挑选，所以主观幸福感的影响因素大多集中于一些经济因素、人口学特征因素(以及以此为分类的对象),但是这些相关结论一是已经基本被国内外学术界所认同,二是一些既定的事实作为影响要素,很难为实践提供一些指导意义。人很大部分的时间都在工作,在人与组织交互的框架下,设计相关量表去调查一手数据,探究个体一系列的感知要素对主观幸福感的影响,在理论贡献外可以提供更多的实践意义和价值。

(4)从组织公民行为的研究来看,尽管目前取得了丰硕的研究成果,但是大部分结论主要是基于对企业员工个体的调查,对于公共部门员工这一群体的相关研究较少(尤其是农技推广人员这一群体的组织公民行为,国内学界并没有人关注)。很多时候由于组织性质的不同,对于这两类员工,很可能结论截然相反,并不能简单地结论平移。针对组织公民行为的影响因素,目前来看,个人主观的情绪体验如主观幸福感等所发挥的影响作用研究的人很少,人与组织交互层面所取得的社会资源——社会资本对于组织公民行为的影响,在国内学界很少有人关注。

(5)从我国农技推广人员的研究来看,存在的问题和不足很多:第一,绝大部分的研究都是站在一种管理者的立场和视角去评估、看待农技推广人员,很少有人真正关注农技推广人员的生活状态、满意度情况;第二,针对基层农技推广人员的大部分研究都是问题对策式的经验调查,即使是实地调查也大多是普调简单的大数据样本,十分缺乏针对性;第三,针对农技推广人员个体的研究,在西方大部分都是人力资源管理、组织行为学领域关注的话题,在国内很少有从这两个领域、视角开展研究的文献,大部分都是农业从业者或者农业研究者去参与研究;第四,多年以来,对于农技推广人员绩效考核的内容研究仍然还是那些老生常谈的任务绩效指标,而组织公民行为在这种带有公益性质的服务岗位上是极为重要的绩效考察要素,却始终被忽略,至今仍未见有国内学者对这一群体的组织公民行为展开研究。此外,很少有学者在农技推广人员的相关研究中坚持“以人为本”的思想,提出的策略建议主观化严重，将激励策略想象得过于简单化，事实上仅靠简单僵化的行政命令是很难产生激励作用的。

综合以上五方面的分析，在思考相关研究领域的不足之后，本研究基于我国基层农技推广人员的现状，建立起了“组织公平感知/社会资本—主观幸福感—组织公民行为”的分析框架。这是一条融合了多变量的创新性研究路径，本研究建立此核心分析框架主要出于以下考虑：一是学界更多地将主观幸福感当作是结果变量，忽略了情绪感知对于最终组织公民行为的影响，两者间的关系很少被人关注；二是社会资本对于个体主观幸福感、组织公民行为的影响，近几年开始引起了少部分国内外学者的关注，主观幸福感是否可以更进一步，在社会资本和组织公民行为之间起到中介作用，尚无人探索；三是组织公平感知对于组织公民行为的显著影响，尽管已在学界达成共识，但是中间的作用机制尚存“黑箱”，若打开它还须进一步挖掘中间变量，而主观幸福感作为一种情绪感知，在挖掘其对组织公民行为影响之中可以尝试其作为中介变量考察其发挥的效应；四是学界从人力资源管理、组织行为领域入手对基层农技推广人员的研究几乎没有，从人与组织交互关系的框架下抽取出组织公平感知、社会资本变量，研究两者对于基层农技推广人员主观幸福感、组织公民行为的影响机制，对于未来形成基层农技推广人员群体的测度量表，在实践中指导该群体的绩效、行为评估或自测均有很大价值。

第3章

研究假设与理论模型

本章首先阐述模型建构的基础理论——社会交换理论，随后在前文文献综述的基础上，围绕基层农技推广人员这一群体，对于全文的核心构念，即社会资本、组织公平感知、主观幸福感和组织公民行为等的内涵与维度边界进行了界定，并基于其他相关研究成果，在合理推演的基础上提出研究假设，最后以此分析为依据刻画出本研究理论模型的基本框架。

3.1 理论基础——社会交换理论

社会交换理论是20世纪50年代西方逐渐兴起的社会学领域的重要理论。基于古典政治学、人类学以及行为心理学中的交换思想、研究范式和逻辑思辨，这一理论主要是在批判与反思以帕森斯为代表的结构功能主义的过程中逐渐发展起来的，和大多数社会学研究一样，其核心目的在于为微观层面上的人际行为、人际互动与宏观层面上的社会结构的有机联结做出合理的解释。现代社会交换理论主要代表人物是Homans和Blau，尤其是后者的结构交换理论被视为社会交换理论的核心。

Homans 最早提出了社会交换的观点。他指出，一切人类行为都是一种交换的过程，在这个过程中，人们参与并交换有价值的资源，因此，社会交换也就是无限的行动。在这种状态下，人们会重复进行着有回报的行动，并会对这些回报带来的相关刺激做出回应，并根据他们赋予事物的价值开展进一步的行动。其观点倾向于将社会看作是个体行动的结果，社会结构也是由个体行动来维持的，因此也被称为行为主义交换理论。在 Homans 研究的基础上，Blau 则进一步填补了社会交换微观与宏观层面的联结，基于结构化的视角，指出微观层面的社会结构是由互动的个体组成，源于个体为期待回报所发生的交换；但宏观层面的复杂结构则由相互联系的群体构成，个体不再是交换分析的基本单位。

具体来看，Blau 在《社会生活中的交换与权力》一书中指出，社会交换只是人类行为的一部分，是极其有限的活动，这是交换双方的一种自愿性行动，双方交换的动力在于“他们期望从别人那里得到并且也确实从别人那里得到了回报”（布劳著，张非/张黎勤译，1987），他的这些观点也被学界称为结构社会交换理论。Blau 的社会交换理论有以下 5 个方面的突出点：其一，社会交换最根本的准则在于互惠主义（reciprocity），即在社会交换中受到恩惠一方需要承担回报对方的义务，一旦一方违反了这一原则，社会交换会自动终止，且违反的一方会受到社会关系的多重惩罚。其二，将交换关系划分为经济交换关系和社会交换关系。经济交换关系是针对那些有形商品或服务，事先根据契约条款确定有待交换的准确数量。Blau（1964）认为两者间最根本的区别在于社会交换强调的是未详细规定的责任与义务，获得恩惠的同时也意味着需承担未来回报的责任，且这种回报是不可以讨价还价的，需交由对方决定。此外，社会交换的资源既包括外显报酬，如金钱等，也包括内隐报酬，如爱意等，而经济交换只包括前者。Foa & Foa（1980）在此后也将社会交换的内容汇总为爱意、地位、信息、金钱、商品和服务 6 个方面。其三，强调了社会交换中信任的作用。社会交换涉及的是未做具体规定的责任和义务，而这种义务的履行关键取决于信任。这种信任主要基于社会交换过程的周期性和逐步扩大的特性在社会关系中逐渐产生。信任对于稳定的社会关系非常重要，又因为交换义务可以促进信任，此时"通过对别人保持感激以及通过相信他们会在相当长的时期中履行他们的义务便会加强社会纽带"（布劳著，张非/张黎勤译，1987）。换句话说，真正持久的社会交换是建立在信任基础上的一种长久性义务关系（郑莉，2004）。其四，明确区分了关系和交换两个概念。交换伙伴间的关系和社会交换过程之间是有因果联系的，但作用方向无法确定，有时交换伙伴间的关系特质会影响到交换过程，有时成功的社会交换又增进了彼此间的承诺，也就是说，交换有时又影响了彼此间的关系（Blau，1964）。其五，指出社会交换符合经济学中的"边际效用递减"规律，这意味着从交换中获得的利润随着交换次数的增加而减少。

此后，社会交换理论被广泛引入组织研究领域，一方面用以分析组织内部员工的工作态度与工作行为，尤其是组织公民行为和越轨行为等，另一方面 Blau 的群体结构观也被用于分析组织间关系问题等。此后兴起的社会资本概念也在一定程度上吸收了社会交换理论，并糅合了社会资源理论、关系嵌入理论、结构洞理论而不断得到发展。Nahapiet & Ghoshal（1998）分析了两者间的关系：社会资本是在这种社会交换之中被创造、形成并得以存续的，但是两者之间是一种相互辩证的复杂关系，社会资本的形成又进一步促进了未来的社会交换。

3.2 核心构念的内涵与维度界定

3.2.1 组织公平感知

组织公平或者组织公平感知探讨的是组织内部的个体对于他们在工作中

是否遇到公正对待的主观评价,以及这种评价与感知所带来的与其工作相关的各种影响。本研究主要将组织公平划分为三个维度:分配公平(distributive justice)、程序公平(procedural justice)和互动公平(interactive justice)。

早期对于公平的研究主要集中于分配公平的讨论,这一概念最早源于Adams(1965)所提出的公正理论,分配公平关注的焦点在于薪酬分配的公平性及其对员工工作积极性和能动性的影响。因此,基层农技推广人员的分配公平感知主要在于自己的付出和投入与所得报酬相比是否公平、单位赋予自己的角色和责任与所得报酬相比是否公平,自己的收入与本地区其他同类型的基层农技推广人员的收入相比是否公平这三个层面。

Thibaut & Walker(1975)进一步提出了程序公平的概念,他们认为只要人们能够了解决策过程的程序和制度,并且能够在较大程度上对程序实施有效的影响,那么结果的好坏并不会显著地影响人们的公平感。因此,基层农技推广人员的程序公平感知主要在于所在基层农技推广组织所使用的政策和程序是否对组织内所有成员一视同仁,以及基层农技推广组织在进行涉及各方利益的程序制定和决策执行时是否做到了规范与严谨。

Bies & Moag(1986)提出了互动公平的概念。最初的研究将互动公平视为程序公平的一部分,后来逐渐发现互动公平和程序公平是相互独立的。互动公平强调了在组织内部上、下级之间互动过程中,下级对两者互动方式的主观公平感知。因此,基层农技推广人员的互动公平感知主要在于部门管理者对自己的尊重和礼貌程度,以及在沟通与交流中所感受到的相互之间对某些问题解释的感知。

3.2.2 社会资本

在组织管理领域,Nahapiet & Ghoshal(1998)提出的社会资本概念和对维度的划分是被学术界较为认可的,他们构建了社会资本的 3 个维度框架:

结构维度、关系维度和认知维度，认为社会资本是组织内的个体以及团体/群体等通过互动等方式形成的各种连带的网络联结、网络结构（结构维度），以及通过建立网络、规则、互惠等方式建立起来的信任、认同、责任和熟悉（关系维度）等可以利用的社会资源，而关于这种利用的社会资源的认知，如组织价值观、组织目标和组织文化的认知等则属于心理层面（认知维度）。本研究亦采用了这种社会资本的维度划分方式，更关注于考察基层农技推广人员在与组织交互关系中获取的个体社会资源，并将基层农技推广人员的社会资本划分为社会资本的结构维度、社会资本的关系维度和社会资本的认知维度 3 个方面。

社会资本的结构维度考察的是组织内的行为主体间通过社会互动等方式形成的关系网络的结构和状态，也就是组织内可利用的社会关系，这包括网络（联结）规模的大小、网络结构的特点、社会互动强度、网络密度等要素。具体到基层农技推广组织中，对基层农技推广人员社会资本的结构维度测量可以从互动强度和网络密度两方面来考察，具体包括推广组织内部的农技推广人员之间非正式互动行为的频繁程度以及推广组织内部农技推广人员间的结构性社会资源。

社会资本的关系维度考察的是基层农技推广组织关系网络中的基层农技推广人员等行为主体运用关系来调动社会资源的过程，是对推广组织内部具体的社会行为过程的考察，关系包括对单位成员的信任度、熟悉度、认同度和合作意愿等要素。社会资本的关系维度测量是多种多样的，学界较为常用的考量要素主要包括信任、承诺和满意度等。一般而言，信任是相信其他人会采取对自己有利的行为和行动的程度，是测量社会资本的关键指标。社会资本的存在是基于一定程度的信任水平的，否则像互惠、合作这些要素特征就不会存在。本研究对于社会资本关系维度的考察将会重点从推广组织内部各成员间的信任和承诺水平进行分析，包括推广组织内部同事之间是否可以信守彼此的承诺以及是否是相互依赖的两个指标。

社会资本的认知维度是指基层农技推广组织内的各行动主体之间所拥有的共同的组织“语言”和目标等资源，这包括共同的组织行为规则、共同的价值观和工作愿景、共同的组织语言和符号，以及推广人员之间彼此理解和熟识对方所形成的良好的默契资源等。推广组织内部共同的语言、符号以及文化背景是基层农技推广组织内推广人员间互动交流的基础和方式，是共同组织目标、工作愿景和价值观建立的基础。

3.2.3 主观幸福感

主观幸福感(Subjective Well-Being)是心理学领域，特别是积极心理学研究领域中的重要概念，近年来逐步被引入经济学、管理学、社会学的研究领域中来。当前大部分心理学家都是基于个人的主观感受来探讨幸福，故主观幸福感被认为是个人根据自身的感知和判断对其自身生活质量所进行的综合评价。Diener(1984)对于主观幸福感划分维度的研究得到了大多数学者的认同，他认为主观幸福感主要包括认知和情绪体验两个基本部分，人们对于生活的满意程度属于主观幸福感的认知部分，具体来讲，生活满意度是指个体对自身生活的总体质量的认知评价与满意度判断；而情绪体验部分则包括积极情绪(包括愉快、开心、爱意等)和消极情绪(包括悲伤、生气、焦虑等)两方面，并且积极情绪和消极情绪之间不具有必然的相关性，在某种程度上是彼此独立的。之后，Diener et al.(2004)又扩展了主观幸福感的认知维度，他们将认知维度，也就是生活的满意程度进一步划分为整体的生活满意度和特定领域的满意度，特定领域的满意度对于不同的群体来说各有不同，主要包括对工作、健康等诸多因素的满意度判断，他们认为，特定领域的满意度得分不仅可以反映生活满意度判断的整体构成，而且还能映射出个人总体幸福感的关键信息。此外，从实证研究角度考虑，这种四要素划分方式也具备了很高的收敛和区分效度。

因此，基层农技推广人员的主观幸福感也就是其使用自己的评价标准对生活状况的整体性认知与评价。同时，本研究亦采用了 Diener et al.(2004)对于主观幸福感的维度划分方式，主要从认知（包括生活满意度和工作满意度）和情绪体验（包括积极情绪和消极情绪）两部分来考察基层农技推广人员的主观幸福感。

3.2.4 组织公民行为

学界有关组织公民行为的研究一方面将关注点主要放在了营利性组织上，很少有针对公共部门（政府部门）的组织公民行为研究；另一方面其较为认可的研究成果和结论大都是以西方文化为背景的。大部分学者在对公共部门组织公民行为研究时并未对其内涵进行重新界定，均认可了其在营利性组织领域的定义表达和维度划分。但也有少部分学者试图拓展公共部门中组织公民行为的边界，如 Vigoda-Gadot & Beeri(2012)强调了公共部门中以变革为导向的组织公民行为，这首先表现在公共部门中的个体应主动掌控自己所处的环境，并做出志愿的、建设性的努力以推动组织功能的变革；其次表现为对所承担服务的不断修正与改进（如设法改进流程、减少不切实际的角色期待等）；最后表现为行为目标定位于让组织受益。针对后一个现实状况，樊景立（Farh Jiing-Lih）在中国背景下的组织公民行为结构维度研究方面做出了重要贡献，他提出了组织公民行为的四维度十因子结构模型（Farh，Zhong & Organ，2004）。四维度代表了四个层面，即自我层面（包括自我培训、积极行动、保持工作场所清洁三个因子），群体层面（包括人际和谐和帮助同事两个因子），组织层面（包括保护与节约公司资源、发表意见、群体活动参与三个因子），社会层面（包括社会公益活动参与和提升公司形象两个因子）。此外，周红云（2010）从实际出发，将我国公务员组织公民行为结构划分为利他主义、爱岗敬业、积极主动、公私分明、服务奉献 5 个维度;叶超(2016)则认为公务员组织公民行为由家庭维护精神、创新执行行为、利他奉献行为、德行律己行为、谦逊礼貌精神和自我学习行为6个维度组成。

综合诸多学者对于组织公民行为的定义,基层农技推广人员的组织公民行为应具备以下三个特征:第一,组织公民行为不是岗位职能要求上所规定的角色内行为,而是那些超越本职要求的自愿行为,也可以说是外显的角色外行为;第二,组织公民行为不在组织正式的奖惩考核体系范围内;第三,组织公民行为是那些利于群体、组织、社区的正面的和积极的行为,可以促进整个推广组织效能的提升。对于农技推广人员组织公民行为的维度划分,本研究采用了 Farh,Zhong & Organ(2004)所提出的四维度十因子结构模型。

3.3 研究假设的提出

3.3.1 组织公平感知与主观幸福感间的关系假设

国内外有关组织公平与幸福感关系研究的文献较少,Kausto et al.(2005)通过建立层次回归分析模型,发现当员工具有较高水平的组织公平(具体包括程序公平和互动公平)感知时,其幸福感指数也相对较高,并且工作不安全感变量在两者之间起到调节作用。Moliner et al.(2008)以幸福感为中介变量,分析了组织公平与角色外的客户服务行为之间的关系,经过结构方程模型验证后得出:组织公平(具体包括分配公平、互动公平、人际公平和信息公平)正向促进了员工的幸福感,员工幸福感中的积极性维度在组织公平和角色外客户服务行为之间起到明显的中介作用。Robins et al.

(2012)通过研究发现,员工的不公平感知以及其与组织间的心理契约破裂都不利于员工的身体和精神健康,这进而会削弱员工的幸福感。Cassar & Buttigieg(2015)则更进一步,基于结构方程模型验证了心理契约破裂变量分别在程序公平、互动公平与员工幸福感(只包括情绪体验部分)之间起到中介作用。漆世润(2017)通过实证研究发现,互动公平对于提升组织成员的幸福感有着正向的作用。

从主观幸福感的认知层面来讲,一些实证研究表明,员工的组织公平感知对于工作满意度以及生活满意度有着明显的正向预测作用。Lambert et al.(2003,2007,2010)以美国中西部最高安全级别私营监狱中的雇员为调查对象,通过建立多变量模型,实证分析发现:分配公平和程序公平均对员工的工作满意度有显著的正向影响;组织公平中的程序公平维度不仅对员工的工作满意度,而且对员工的生活满意度都具有显著的正向影响。赵维良(2010)以大连市 12 个政府部门公务员为调查对象,通过多元回归分析发现,工作满意度与组织公平各维度都有较高的相关性:分配公平、领导公平和信息公平对公务员工作满意度有着显著的预测效应,领导公平预测效应最强,程序公平不显著。从主观幸福感的情绪体验层面来讲,同样亦有实证研究表明,员工的组织公平感知对其积极或消极情绪有着显著的预测作用。Frenkel et al.(2012)以中国两大制造业企业中的一线车间员工为调查对象,通过建立结构方程模型验证了组织内部独特的、有吸引力并且持续实施的人力资源管理政策可以显著地促进员工的组织公平(包括分配公平、程序公平和互动公平)感知,但是只有分配公平显著地负向影响消极情绪,这些消极情绪进而会导致员工情绪倦怠与衰竭,他们认为产生这种结果的重要原因在于这两大制造企业的一线员工多为外地农民工。Barclay & Kiefer(2014)通过实证研究发现,员工的整体公平感知与其外显的积极和消极情绪密切相关。潘孝富等(2010)通过对教师群体的调查发现,教师组织公平感知对教师消极情绪体验有显著的负预测作用,即程序公平、互动公平感知越低的教师，其热情、精力枯竭以及成就丧失等情绪体验就越高。

故对于基层农技推广人员来讲，当其感知到组织内分配公平、程序公平、互动公平程度较高时，一方面，在心理情绪方面，农技推广人员会得到较为积极的心理暗示，这会产生某种心理安全感，在公平的氛围下更易于产生积极的情绪体验；另一方面，在对员工与组织的关系的认知方面，农技推广人员会认为所在组织是规范的，是可以使自身利益得到保护并且可以使自己得到足够尊重的，这很大程度上会提高其工作乃至生活的满意度。考虑到政府部门与营利性部门的诸多差异，本研究主要从总体上考察基层农技推广人员的组织公平感知，而不是将组织公平细分后分别讨论其每一维度的作用，因此提出以下假设。

H1：基层农技推广人员的组织公平感知对其主观幸福感有直接显著的正向影响。

H1a：基层农技推广人员的分配公平感知对其主观幸福感有直接显著的正向影响。

H1b：基层农技推广人员的程序公平感知对其主观幸福感有直接显著的正向影响。

H1c：基层农技推广人员的互动公平感知对其主观幸福感有直接显著的正向影响。

3.3.2 组织公平感知与组织公民行为间的关系假设

在西方文化背景下，针对营利性组织，诸多学者验证了个体的组织公平感知对于其组织公民行为的预测作用。在理论研究方面，Organ(1988)认为组织公平与组织公民行为存在着正相关关系，存在这种关系主要有两方面原因：第一，基于 Adams(1965)的理论，员工通过比较自身投入与产出的比率(公平比率)，来确定自己所获得的分配收入是否合理，并以此为依据来选择今后的工作行为。员工的投入主要包括角色内任务行为投入和角色外的组织公民行为投入，由于角色内任务行为投入的多少直接关系到员工最终的薪酬与绩效，故当员工感知到不公平时，会主动减少角色外组织公民行为的投入，因为这样并不会直接影响其收入；第二，组织公平与组织公民行为存在相关关系的重要原因在于员工与组织间不仅仅存在着经济交换关系，而且存在着社会交换关系。基于社会交换理论，员工在获得组织支持和经济报酬后，会基于某种认同感和信任感，做出许多角色外的积极举动来回报组织。

在实证研究方面，大部分的研究成果表明，组织公平对组织公民行为具有显著的正向预测作用，并且研究中还加入了一些中介变量和调节变量来进一步深入探究两者之间的作用机制。Moorman et al.(1998)基于实证研究验证了之前他们对于程序公平与组织公民行为密切相关的理论推演，并且发现员工所感知到的组织支持变量在两者之间起到完全中介作用。Cohen & Avrahami(2006)基于对以色列 241 位医院注册护士的调查发现，她们的组织公平感知对于其组织公民行为有着明显的正向影响，除此之外，信奉集体主义者、已婚者和工作经验更少者展现出了更多的组织公民行为。Lavelle et al.(2009)通过实证研究发现，程序公平和组织承诺都对员工的组织公民行为有着显著的正向影响，而且组织承诺在程序公平和组织公民行为之间起到明显的中介作用。Blakely et al.(2005)在验证了组织公平感知对组织公民行为具有显著正向影响作用的基础上，分析了三种不同类型的公平敏感性在两者之间起到的调节作用。Farid(2018)以巴基斯坦白沙瓦市某公立医院护理人员为样本，研究发现组织的互动公平、分配公平和程序公平对于护理人员的组织公民行为有积极而且直接的影响，且伊斯兰工作伦理在两者之间起到了明显的调节作用。

在中国的文化背景下，企业员工的组织公平感知对于其组织公民行为的预测作用亦得到了相应的验证。Farh et al.(1997)以中国文化为背景研究了组织公平与组织公民行为的关系，他们认为，中国文化背景下的互动公平与上下级之间的交互公平有着部分重叠，在将组织公平划分为分配公平和程序公平的基础上，可以发现组织公平与组织公民行为的显著关系，在加入文化特征和性别特征要素后可以进一步发现，对于那些更加认可现代价值文化观念的个体以及男性而言，组织公平与组织公民行为之间的关系更为强烈。郭晓薇(2004)基于实证研究验证了中国企业员工的组织公平(包括分配公平和程序公平)感知在中国文化中仍然是组织公民行为的重要预测变量，并发现员工责任感在组织公平与各种OCB之间起负向调节作用，权力距离观在程序公平与各种OCB之间起正向的调节作用。金明星(2011)基于对中国金融企业的调研，试图深入验证组织公平的三大维度与组织公民行为十因素(Farh，Zhong & Organ，2004)之间的呈正向相关关系的假设，这一假设得到了部分验证，并且作者还发现组织公民行为在组织公平与工作绩效之间起一定的中介作用。郑景丽和郭心毅(2016)以普通企业员工为样本，实证研究发现，组织公平(包括分配公平与交互公平)与组织公民行为之间存在显著相关性，其中交互公平的相关性显得更为强烈。周红云(2010)则将关注的焦点对准了公共部门中的员工——公务员，她以全国10个城市50多家政府机构中的公务员为调查对象，利用回归分析发现，分配公平与公务员组织公民行为弱相关甚至不相关，程序公平与公务员组织公民行为高度正相关。翁清雄等(2014)以安徽省196位基层政府公务员为样本，实证研究发现，对基层公务员来说，组织公平的两个维度——程序公平和互动公平对于组织公民行为具有显著的正向作用，且组织支持感在两者之间起到了明显的中介作用。基于这些研究成果和结论，本研究提出以下假设。

H2：基层农技推广人员的组织公平感知对其组织公民行为有直接显著的正向影响。

H2a：基层农技推广人员的分配公平感知对其组织公民行为有直接显著

的正向影响。

H2b:基层农技推广人员的程序公平感知对其组织公民行为有直接显著的正向影响。

H2c:基层农技推广人员的互动公平感知对其组织公民行为有直接显著的正向影响。

3.3.3 社会资本与主观幸福感间的关系假设

随着社会资本问题研究热度逐渐提升,近些年西方少部分学者开始关注于个体社会资本与主观幸福感之间的内在关联。Winkelmann(2009)利用德国社会经济调查小组1984—2004年的数据进行实证研究发现,社会资本对于个体的幸福感水平有着显著的正向影响,但是社会资本并没有在失业和主观幸福感之间起到明显的调节作用。Wills-Herrera et al.(2011)通过对哥伦比亚5个具有冲突地区的742位农村生产者的相关调查,回归分析发现,农村生产者的社会资本对其主观幸福感具有显著的正向作用,而不安全感知对主观幸福感则具有显著的负向作用。Hooghe & Vanhoutte(2011)也得出了类似结论,利用比利时2009年弗兰德斯地区社会凝聚力指数调查和2006年针对比利时地区的欧洲社会调查结果,实证研究发现,个体层面的居民社会资本对主观幸福感有正向显著的影响,相反社区因素在居民主观幸福感提升方面影响不怎么明显,只有失业率对主观幸福感的负向影响显著。Portela et al.(2013)则更进一步地探究了社会资本的不同维度对主观幸福感的影响,基于第四次欧洲社会调查数据,实证研究发现,社会资本中的社交网络、社会信任和制度信任与居民主观幸福感的提升存在着高度相关性。Puntscher et al.(2015)在将社会资本划分为制度信任、一般信任、强联结和弱联结四种维度的基础上,利用欧洲价值调查2008年的数据结果回归分析发现,这四个社会资本的子维度对主观幸福感的幸福(happiness)维度具有显著的正向影响，除强联结外的其他三个子维度对主观幸福感的生活满意度维度具有显著的正向影响。Neira et al.(2018)则较为创新地对样本进行了区分，以欧洲社会调查2014年第七次结果为样本数据来源，在将社会资本划分为信任、社交网络和公民参与的规范三个维度的基础上，数据分析显示，社会资本的三个子维度对居民主观幸福感的正向影响均显著，在将样本区分为不开心/开心群体后，结果显示社会资本对不开心群体主观幸福感的提升作用远大于对开心群体主观幸福感的提升作用。

近些年，国内开始涌现出少量探究社会资本与幸福感间关系的实证研究。薛新东和程明梅(2012)以湖北省、河南省1050位老人为调查样本，实证研究发现，农村老人社会资本中的部分维度——社会信任和社会参与是影响农村老人幸福感和健康的重要因素。赵斌和刘米娜(2013)利用CGSS中国综合社会调查的数据，基于稳健回归模型的分析结果显示，无论是结构性社会资本还是认知性社会资本均对城市居民的主观幸福感有正向的提升作用。李平和朱国军(2014)基于居民社会网络变迁的视角，以CGSS中国综合社会调查2006年的数据为样本，进行回归分析后发现，社会资本对居民幸福感影响显著，社会网络基础上形成的居民现代社会资本的重要性已经超过以血缘关系为基础形成的传统社会资本，同时进一步发现，现代社会资本给予城镇外来居民、城镇移民和独生子女以更高幸福感，而给予本地居民和非独生子女的幸福感较低。兰林火和徐延辉(2015)通过对1994名城市青年的调查，在将社会资本外化为信任、普遍化互惠和社团参与三个主要维度的基础上，实证结果显示：社会资本的普遍化互惠维度对青年群体幸福感具有显著正向影响；信任维度中的特殊信任因子、一般信任因子对青年群体幸福感具有显著正向影响；社团参与中的协会型社团参与因子对青年群体幸福感具有显著正向影响。张梁梁和杨俊(2015)则引入了政府支出行为的视角，首先从理论出发引入居民效用函数，发现居民幸福感在扭曲的地方政府支出行为下会得到抑制，进一步的实证研究发现，社会资本总体上对居民幸福感有正向作用，群体认知型社会资本对幸福感的提升有抑制作用，而个人认知型社会资本、个人结构型社会资本、群体结构型社会资本对幸福感的提升有促进作用。申云和贾晋(2016)则另辟蹊径，分析了收入差距与社会资本的交互作用对居民幸福感的影响，通过构建O-Probit和IV-Probit模型研究发现，社会资本对居民幸福感的提升具有正向显著影响，同时能够减缓收入差距对居民幸福感的不利影响，而这种积极效果主要发生在农村地区。

综观以上国内外相近的研究成果和结论，我们可以发现，尽管诸多学者对社会资本的维度划分各不相同，切入的视角差别也很大，但是社会资本对于主观幸福感的正向预测作用还是被较为认可的结论。具体到基层农技推广组织这一情境之中，可以发现：社会资本作为一种可利用的社会资源，能够提高基层农技推广组织内的成员获得各种社会资源的可能性，减少基层农技推广组织内部的交易成本和促进组织成员之间的情感交流，共同价值观和工作愿景的建立，会激励和促进推广组织的成员间积极主动地交换资源信息与分享知识，使知识转移的输出方与交流方实现有效的沟通，降低了推广组织内部的协调和沟通成本，也促进了新知识的产生和创新氛围的形成，进而增加人们的喜悦感、归属感和心理满足感，最终达到提高基层农技推广人员的福利水平和幸福感的目的。本研究提出以下假设。

H3：基层农技推广人员的社会资本对其主观幸福感有直接显著的正向影响。

H3a：基层农技推广人员社会资本的结构维度对其主观幸福感有直接显著的正向影响。

H3b：基层农技推广人员社会资本的关系维度对其主观幸福感有直接显著的正向影响。

H3c：基层农技推广人员的社会资本的认知维度对其主观幸福感有直接显著的正向影响。

3.3.4 社会资本与组织公民行为间的关系假设

与近些年逐渐涌现出探究社会资本对于主观幸福感影响的研究不同，国内外学界对于社会资本与组织公民行为间的关系研究寥寥无几。Zabihi et al.（2014）以伊朗马什哈德地区250个纺织行业员工、管理者为样本，实证研究发现，他们的社会资本对其组织公民行为有显著的正向影响，其中关系性社会资本对组织公民行为的正向影响最为强烈。Renani et al.（2017）也得出了类似的结论，他们从伊朗Marivan政府银行的175名雇员中，利用科克伦公式选出了120名调查对象，实证研究发现，政府银行雇员社会资本的三个子维度：认知性、结构性和关系性社会资本均对其组织公民行为产生显著的积极影响。Han & Hovav（2016）则基于信息系统项目团队来探讨社会资本、组织公民行为以及分享知识意愿三者之间的关系，在将社会资本划分为结构、认知和关系三个子维度之后，又根据社会资本形成来源不同将社会资本区分为桥接型社会资本（Bridging Social Capital）和黏合型社会资本（Bonding Social Capital），前者指代形成于团队之外的社会资本，后者指代形成于团队之内的社会资本，利用结构方程模型建模之后，发现两种来源的社会资本均对组织公民行为和分享知识意愿有显著正向作用。

国内学者中，杨东涛和马硕（2007）较早地研究了社会资本与组织公民行为之间的关系，并引入组织承诺变量作为中介变量来探究整个路径关系和作用机制，在选取了北京市、上海市、山东省、江苏省等地776名员工作为调查样本的基础上，利用结构方程模型证实了社会资本与组织公民行为之间的正相关关系，并发现组织承诺在两者之间起到部分中介作用。徐光等（2016）则创新性地将目光聚焦在虚拟社区上，在对某些特定网络虚拟社区的500名用户问卷调查的基础上，发现了社会资本的结构维度、认知维度和关系维度均对虚拟社区用户组织公民行为产生显著的正向影响，虚拟社区感知变量在这三个维度和组织公民行为之间起到了部分中介作用。

对于基层农技推广人员来说，社会资本的提升，一是可以在参与基层推广组织的活动中不断形成新的网络联结，提升了组织公民行为出现的可能；二是人与人之间彼此的信任、互惠和认同，有利于激发农技推广人员产生更多的忠诚于推广组织的行为、积极参加推广组织活动的行为以及其他推广工作时间外的甘于奉献的行为；三是推广人员之间形成共享的语言和价值、愿景，降低了推广组织内部的协调和沟通成本，也促进了新知识的产生和创新氛围的形成，这些都促进了更多的组织公民行为的产生。因此本研究提出以下假设。

H4：基层农技推广人员的社会资本对其组织公民行为有直接显著的正向影响。

H4a：基层农技推广人员社会资本的结构维度对其组织公民行为有直接显著的正向影响。

H4b：基层农技推广人员社会资本的关系维度对其组织公民行为有直接显著的正向影响。

H4c：基层农技推广人员社会资本的认知维度对其组织公民行为有直接显著的正向影响。

3.3.5 主观幸福感与组织公民行为间的关系假设

由于组织公民行为多被认为是员工绩效的重要维度，因此国外专门针对幸福感与组织公民行为关系的研究较少。Pawar(2013)从理论上构建了"组织行为—员工幸福感—员工绩效"的分析模型，他将员工幸福感划分为与工作有关的幸福感和与生活有关的幸福感（这两者是相互正向影响的），并将幸福感具体划分为身体幸福感、主观幸福感、心理幸福感、社会幸福感、伦理幸福感和精神幸福感六个维度，同时他也将员工绩效划分为任务绩效、组织公民行为、消极和越轨行为三个维度。在此基础上，他基于理论推演认为，组织中那些可以让员工感知到积极信号的行为可以极大地提高员工的幸福感，同时员工幸福感可以正向地影响员工的组织公民行为。Devonish(2013)以加勒比海地区巴巴多斯五个大型零售和批发组织中的雇员为调查对象，实证研究了心理幸福感在工作欺凌(Workplace Bullying)与员工绩效间所起到的中介作用，在将心理幸福感划分为工作满意度和与工作有关的抑郁情绪两个维度的基础上，基于结构方程模型验证的结果显示，与工作有关的消极抑郁情绪显著负向影响指向个体的组织公民行为(OCB-I)，工作满意度虽正向影响 OCB-I，但是影响并不显著。Moliner et al. (2008)将工作中的幸福感划分为情绪衰竭(burnout)和情绪高涨(engagement)两个内涵相反却又相互独立的两个维度，前者主要包括身体倦怠和散漫的态度两个层面，后者包括活力与奉献两个层面，他们通过对西班牙服务组织内员工的调查，基于结构方程模型分析发现，员工工作幸福感中的积极参与一面对员工自发的角色外客户服务行为有显著的正向影响。

国内幸福感与组织公民行为的相关研究亦很少，王益宝和徐婷(2011)在将员工幸福感划分为活力、自尊、社交和自主四个维度的基础上，通过实证分析得出，前三个维度均对员工的组织公民行为有正向影响。

对于政府基层农技推广人员来讲，为广大农户提供及时、到位的农技推广服务是其岗位职责所在，当他们对当前工作、生活较为满意，且自身情绪非常乐观、高涨时，出于交换考虑，他们会进一步采取某些主动举措使自己长期保持这种感受，如：在自我层面，更加努力加班加点、学习各种技能，提升自身能力；在群体层面，积极帮助同事，在自己身边搭建起和谐的人际关系网；在组织层面，积极为组织发展建言献策，节约组织资源；在社会层面，积极维护组织形象，回馈社区建设等。因此本研究提出以下假设。

H5：基层农技推广人员的主观幸福感对其组织公民行为有直接显著的正向影响。

H6:基层农技推广人员的主观幸福感在其组织公平感知与组织公民行为之间起中介作用。

H7:基层农技推广人员的主观幸福感在其社会资本与组织公民行为之间起中介作用。

3.4 理论模型的基本框架

根据前文的理论假设推演与分析,本研究理论模型的基本框架如图 3-1 所示,其中实向箭头表示本研究所重点关注的变量间可能存在的因果关系。

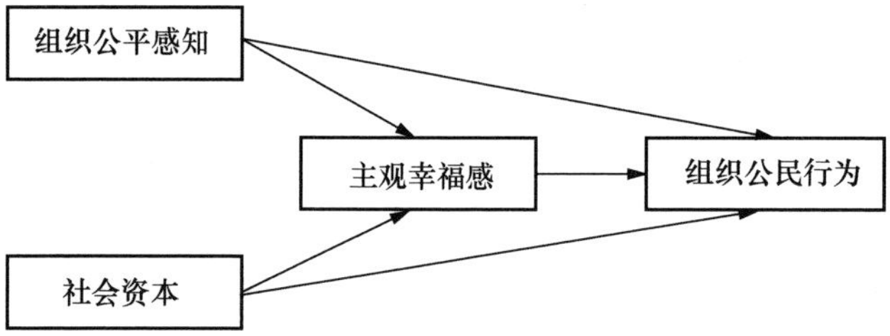

图 3-1　理论模型基本框架图

第4章

研究设计

在前文理论研究的基础上，本章首先介绍本研究的实证研究流程，随后则主要展示本研究实证研究中所涉及问卷的总体设计，最后则展示正式发放的问卷中各变量的具体测度题项。

4.1 实证研究流程

基于前文所构建的理论模型框架以及相应的研究假设，本研究的实证研究主要包括 4 个主要的流程环节：问卷设计、数据收集、数据分析和实证检验，具体见图 4-1。

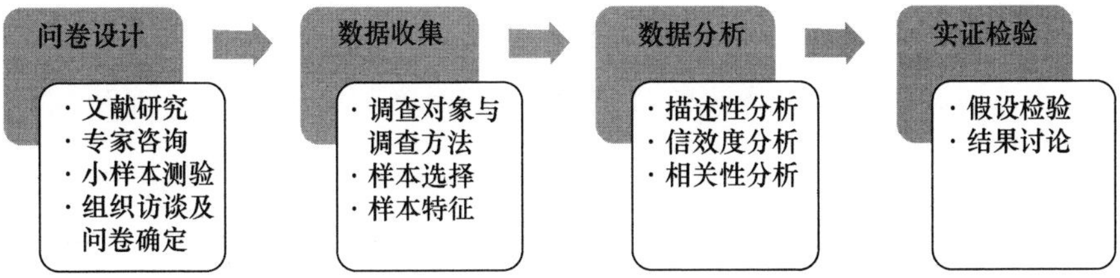

图 4-1 实证研究流程图

4.2 问卷设计

在问卷设计阶段，为了保证数据结果的一致性和有效性，本研究在相应指标的选取和测度方面主要参考了国内外均使用过的成熟量表，并在不改变原意的前提下，结合本研究的研究内容，对题项的表述做出了适当的修改和调整。在问卷正式发放之前，还同人力资源领域、农业推广领域部分专家学者进行了深入访谈，并结合他们的建议对量表进行了第一次修改。在量表第一次修改后，开始在枣庄市所辖滕州市范围内针对部分乡镇、街道农业推广人员进行预调研，并根据预调研结果对问卷进行第二次修改。具体来讲，一方面包括对搜集的小样本数据结果的信度、效度进行检验，并针对之前的理论预想对各构念进行探索性因子分析，去除一些因子载荷量过低的语句；另一方面，针对调查人员实际调研中所反馈的问卷问题等，进一步斟酌题项设置与语句表达。在两次问卷修改的基础上，进一步与所预调研的部分农技推广人员进行深入访谈，根据其反馈的意见结果，酌情修改后最终确定正式发放的调查问卷(正式的调查问卷见文后附录)，流程见图 4-2。

由于在实地调查中，需要同所调查基层农技推广人员进行深度访谈，在基本了解其真实想法和实际情况后才进行问卷发放，故工作量相对于一般调研大了许多，相对而言样本总量也不是很大。故下文所呈现的变量测度题项，均是预调研后两次修改的最终题项，同时本研究也不再呈现预调研后的小样本测试过程及结果。

调研问卷主要包括两部分内容：第一部分主要包括被调查基层农技推广人员的基本背景信息，如性别、年龄、收入水平、工作年限、技术职称情况等；第二部分主要是围绕关键的构念进行主观量表测量，包括基层农技推广

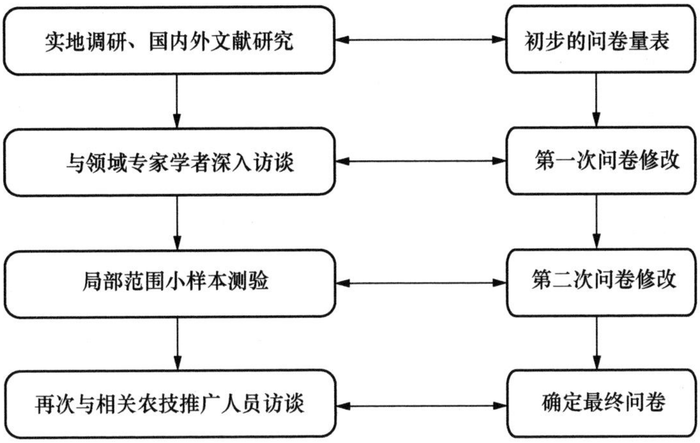

图 4-2 调查问卷设计流程

人员的组织公平感知测量、个体社会资本测量、主观幸福感水平测量、组织公民行为测量等，这部分题项均采用了李克特 7 点量表来度量，从 1～7 代表了符合程度由低到高。数字“1～7”代表了测度题项与现实状况的符合程度，数字值越小表明该测度题项与现实状况的符合程度越低，“1”表示完全不符合；“2”表示不符合；“3”表示有些不符合；“4”表示符合程度一般；“5”表示有些符合；“6”表示符合；“7”则表示完全符合。在实证研究中，各潜变量的得分值为其所有观测题项的算术平均值。

4.3 变量的测量

4.3.1 组织公平感知变量的测量

根据前文 3.2.1 对于基层农技推广人员组织公平感知的内涵界定，组织公平感知构念主要包括三个维度，第一个维度是基层农技推广人员的分配公平感知，主要反映了薪酬分配的公平性及其对基层农技推广人员工作积极性和能动性的影响；第二个维度是基层农技推广人员的程序公平感知，主要反映了基层农技推广组织所使用的政策和程序是否对组织内所有成员一视同仁，以及基层农技推广组织在进行涉及各方利益的程序制定和决策执行时是否做到了规范与严谨；第三个维度是基层农技推广人员的互动公平感知，主要反映了在组织内部上下级之间互动过程中，下级对两者互动方式的主观公平感知。基于此，同时借鉴了 Niehoff & Moorman(1993)、Frenkel et al. (2012)、卢威(2012)等的研究，本研究设计出了组织公平感知变量的测量量表，共设置了 7 个题项，具体的测度题项见表 4-1。其中题项 FPGP1～FPGP3 主要对应测度的是基层农技推广人员的分配公平感知，题项 CXGP1～CXGP2 主要对应测度的是基层农技推广人员的程序公平感知，题项 HDGP1～HDGP2 则主要测度的是基层农技推广人员的互动公平感知。

表 4-1　组织公平感知三维度测量量表

变　量	题号	测 度 题 项
分配公平感知	FPGP1	您的收入与本地区同类型推广人员的收入相比较是公平的
	FPGP2	您的收入与您在工作中做出的努力和投入相比较是公平的
	FPGP3	您的收入与单位分配给您的角色、责任相比较是公平的
程序公平感知	CXGP1	单位内部有一贯连续且明确的政策制度与流程(包括考核、晋升等)
	CXGP2	单位内部的政策制度是规范的、不存在任何歧视的
互动公平感知	HDGP1	单位上下级之间的相互沟通是畅通无阻的
	HDGP2	单位对您是尊重和友好的

4.3.2　社会资本变量的测量

根据前文 3.2.2 对于基层农技推广人员社会资本的内涵界定，社会资本构念主要包括三个维度，第一个维度是社会资本的结构维度，可以从互动强度和网络密度两方面来考察，具体包括推广组织内部的农技推广人员之间非正式互动行为的频繁程度以及推广组织内部农技推广人员间的结构性社会资源；第二个维度是社会资本的关系维度，重点从推广组织内部各成员间的信任和承诺水平进行分析；第三个维度是社会资本的认知维度，考察的是基层农技推广组织内的各行动主体之间所拥有的共同的组织“语言”和目标等资源，包括共同的组织行动规则、共同的价值观和工作愿景、共同的组织语言和符号等。在参考了 Nahapiet & Ghoshal(1998)、Stanzani(2015)有关社会资本测量量表的基础上，本研究所设计的社会资本测量量表主要从以上四方面重点进行测度，共设计了 6 个题项，相应的测度题项见表 4-2。其中，题项 JG1～JG2 对应测度的是基层农技推广人员社会资本的结构维度；题项 GX1～GX2 对应测度的是基层农技推广人员社会资本的关系维度；题项 RZ1～RZ2 对应测度的是基层农技推广人员社会资本的认知维度。

表 4-2 社会资本三维度测量量表

变 量	题号	测 度 题 项
结构维度	JG1	单位经常举办各种形式的活动来增强员工间的互动
	JG2	当工作遇到困难时，单位同事之间能够互相帮助与依赖
关系维度	GX1	您单位同事彼此之间是相互信任的
	GX2	单位同事对您的承诺是可靠的
认知维度	RZ1	对于推广工作，单位成员都有着共同的愿景和价值观
	RZ2	在推广工作中，单位同事彼此间形成了良好的配合与默契

4.3.3 主观幸福感变量的测量

根据前文 3.2.3 对于基层农技推广人员主观幸福感知的内涵界定，主观幸福感是使用自己的评价标准对生活状况的整体性认知与评价。该构念主要采用了 Diener et al.(2004)对于主观幸福感的维度划分方式，具体包括生活满意度、工作满意度、积极情绪体验和消极情绪体验四个方面，前两者属于认知部分，而后两者属于情绪体验部分。基于此，同时综合了 Diener et al.（2004）、Devonish（2013）等对主观幸福感的相关研究成果，本研究设计出了基层农技推广人员主观幸福感变量的测量量表，共设置了 4 个相应题项，具体的测度题项见表 4-3。其中，题项 SWB1 对应测度的是基层农技推广人员的生活满意度；题项 SWB2 对应测度的是基层农技推广人员的工作满意度；题项 SWB3 对应测度的是基层农技推广人员的积极情绪体验；题项 SWB4 对应测度的是基层农技推广人员的消极情绪体验。

表 4-3　主观幸福感变量的测量量表

变　量	题号	测 度 题 项
主观幸福感	SWB1	从总体上看，您对现在的生活是满意的
	SWB2	从总体上看，您对现在的工作情况是满意的
	SWB3	在过去的一个月，您总是充满活力，认为自己有能力战胜困难与压力
	SWB4	在过去的一个月，您很容易产生挫败感

4.3.4　组织公民行为变量的测量

根据前文 3.2.4 分析，针对我国基层农技推广人员这一群体，本研究对其组织公民行为的测度主要是从自我层面、群体层面、组织层面和社会层面四个维度展开。在参考了 Farh，Zhong & Organ（2004）、周红云（2010）、叶超（2016）有关组织公民行为测量量表的基础上，本研究所设计的组织公民行为测量量表主要从以上四方面重点进行测度，共设计了 11 个题项，相应的测度题项见表 4-4。其中，题项 ZW1～ZW3 测度的是基层农技推广人员组织公民行为的自我层面维度，具体体现为自我培训等因子；题项 QT1～QT4 测度的是基层农技推广人员组织公民行为的群体层面维度，具体体现为帮助同事等因子；题项 ZZ1～ZZ2 测度的是基层农技推广人员组织公民行为的组织层面维度，具体体现为组织活动参与等因子；题项 SH1～SH2 测度的是基层农技推广人员组织公民行为的社会层面维度，具体体现为社会公益活动参与等因子。

表 4-4 组织公民行为四维度测量量表

变量	题号	测度题项
自我层面	ZW1	您在闲暇时会利用网络等媒介来增强业务学习
	ZW2	您会积极主动地申请参加各类推广培训班，甚至可能选择自费进修培训
	ZW3	您会选择主动加班以更好地完成日常的推广任务
群体层面	QT1	您会向年轻的（或新来的）同事分享、传授自己的推广技术与经验
	QT2	您经常主动帮助同事解决推广工作中遇到的难题
	QT3	您会帮助调解同事间的冲突与矛盾
	QT4	您会帮助同事解决生活中遇到的困难
组织层面	ZZ1	您积极地参加单位组织的各类活动（如评比、竞赛等）
	ZZ2	您经常主动向单位提出实用、有效的建议
社会层面	SH1	您会积极地投入社区公共服务活动中去
	SH2	在社区生活中，您会时刻约束自身的言行举止以维护自己单位的形象

4.3.5 控制变量的设置

虽然本研究重点探究的是基层农技推广人员组织公平感知、社会资本、主观幸福感和组织公民行为 4 个主要潜变量之间的交互关系，但是为了尽可能地保证研究结果的科学性和严谨性，有必要设置控制变量来尽可能地削弱其他外部变量对于主要潜变量的干扰作用。

国内外管理学、经济学、心理学等领域研究个体行为、心绪变化等时，常常选取个人特征因素作为控制变量，如年龄、性别、健康状况、婚姻状况、个人收入、宗教信仰、遗传因素、民族、政治面貌、户籍类型、子女数量、受教育年限等。以主观幸福感变量为例，Alesina et al.（2005）以欧洲居民为样本研究显示，女性倾向于比男性具有更高的幸福感，原因在于，女性相对于男性更愿意同时也有更多的表达感情的渠道,女性的生活期望相比于男性也相对低一些,同时男女社会分工的不同也导致了女性比男性更加幸福。Easterlin(2006)的研究表明,人一生中,随着年龄的增长,主观幸福感呈现出U形曲线关系,即人在年轻和老年时的主观幸福感水平较高,中年时主观幸福感水平较低。收入对于主观幸福感的影响作用更是得到了国内外学界的一致认同,大量的研究表明,收入水平较低时,收入的增长能带来主观幸福感水平的大幅度提升,但当收入水平超过一定临界值后,收入对主观幸福感水平的影响就不断缩小,相对收入假说也可以在一定程度上解释这一现象。申云和贾晋(2016)进一步实证研究发现,社会资本能够显著减缓收入差距对农村居民幸福感的不利影响。

基于此分析,为了削弱一些个人特征因素(人口学统计变量)对于主观幸福感等核心变量的干扰影响,本研究为了严谨起见,引入年龄、收入水平作为控制变量。与此同时,考虑到基层农技推广工作的特殊性,还将引入"从事农业推广工作的工作年限"这一变量作为控制变量,削减从业时间对于核心潜变量的干扰作用。

第5章

样本描述与假设检验

本章将重点采用规范的实证研究方法来验证前文章节通过理论推演所提出的相关假设,具体包括三个部分:第一部分主要介绍样本数据收集的方法、样本特征以及主要变量的描述性统计分析结果;第二部分主要是进行样本的相关性分析以及信度、效度检验;第三部分主要是验证基层农技推广人员组织公平感知、社会资本对于其组织公民行为的直接影响,主观幸福感对于其组织公民行为的直接影响以及主观幸福感在基层农技推广人员组织公平感知、社会资本与其组织公民行为间所起的中介效应。

5.1 样本与数据收集

在数据收集之前,必须首先围绕研究主题确定调查研究的对象。尽管现阶段我国多元合作农业推广体系已形成雏形,但是实践中我国的农业推广体系主要还是依托以政府为主导的自上而下的五级农业推广机构。故与农户接触最为密切的政府基层农技推广人员一般主要是指区/县与乡/镇两级农技推广人员。因此,区/县与乡/镇两级农技推广人员是本研究的主要调查对象。

在明确研究对象后，就进入数据收集阶段。由于本研究主要围绕山东省滕州市的农技推广人员展开具体的实地调查，因此样本对象主要是滕州市所辖21个镇街的农技推广人员。选择将山东省滕州市作为主要的样本来源，主要出于以下两方面的考虑。

第一，根据《中国统计年鉴2018》[①]数据显示，我国2017年农林牧渔业的总产值已经达到109 331.7亿元，而山东省农林牧渔业总产值为9 140.4亿元，占全国农林牧渔业总产值的近8.4%，在全国各省、市、自治区中位列第一位。山东省是我国的农业大省和农产品出口贸易的第一大省，在蔬菜、花生等产业方面具有很强的优势。其中鲁南农业人口占全省总人口的40%以上，农业产量占全省总产量的近40%，枣庄市作为鲁南地区的重要组成，现代农业的战略地位十分突出[②]。具体来看，枣庄市所辖滕州市农业生产条件非常优越，土壤肥沃，平原区面积914千米^2，占滕州市总面积的61.6%，西邻微山湖，西部滨湖区水产资源丰富，东部山区丘陵的药材品种齐全，总人口169万人，是山东省人口最多的县级市。从总体上看，枣庄市农业发展水平较高，2009年滕州市作为山东省的代表，和寿光市一起入选第一批国家现代农业示范区，滕州市的粮食产业、绿色蔬菜产业、养殖产业和林果产业优势突出，曾荣获“全国粮食生产先进县标兵”称号，马铃薯和大白菜都是其优势产品，均荣获“国家地理标志保护产品”称号，特别是作为全国马铃薯二季作区种植面积最大的县(市)，素有“中国马铃薯之乡”之称。

滕州市政府非常重视农业技术推广工作，除积极部署实施国家、山东省所下达的农业推广方面的政策指令，还积极推进山东省“三支一扶”大学生计划，提供大量基层农技推广岗位，以求更好地充实基层农技推广力量。

---

① 中华人民共和国国家统计局．中国统计年鉴2018. 北京：中国统计出版社，2018

② 中华人民共和国农业部．山东省滕州市国家现代农业示范区发展规划(2012—2017年). http://www.moa.gov.cn/ztzl/xdnysfq/fzgh/201301/t20130118_3202119.htm. 2013年1月

2009年滕州市政府出台了《滕州市人民政府关于基层农技推广体系改革的意见》和《滕州市人民政府关于印发〈滕州市村级农业技术推广服务站技术管理办法〉的通知》，明确了市、镇农业技术推广机构的公益性职能，各镇街农技推广机构统一设置为农业综合服务站（共21处，由原农技、林果、农机、水利等站整合后组成），经费及人员工资全额纳入财政预算，同时在各行政村设立村级农业科技推广服务站和教学班。在科技合作、农业推广合作方面，与山东省农科院（已并入山东农业大学）、山东农业大学建立了长期的合作关系，长年聘请山东农业大学知名专家、学者等为市政府农业科技顾问，并在滕州市建立实训基地，每年培训技术人员、科技示范户约5000人次。

为了积极响应国家的乡村振兴战略，2018年底，滕州市出台《滕州市乡村振兴战略规划（2018—2022年）》《滕州市推动乡村人才振兴工作方案》，提出到2022年，落实好山东省加强基层农技推广人才队伍建设的20条措施，强化基层农技推广体系构建，不断完善人才引进培养、服务保障、激励考核机制，着力提升农技推广人才综合素质和服务能力，确保全市农技推广队伍稳定在1000人以上，继续实施基层农技推广体系改革与建设补助项目，每年分层分批培训基层农技人员200人，力争5年内轮训一遍。具体来看，提出所有镇街编制范围内农技人员补充到位；积极推动涉农专业本科生、专科生、“三支一扶”人员、中级以上专业技术职称人员到滕州市镇街农技推广机构工作，采取特聘的方式公开招聘为镇街事业单位人员；探索实施农技推广服务特聘计划，支持通过政府购买服务方式，从新毕业大学生、农业乡土专家、种养能手、新型农业经营主体技术骨干、科研教学单位一线服务人员中招聘一批特聘农技员；对长期在基层工作且业绩优异的农业科技人员、农技推广人员等按照规定给予表彰奖励，奖励结果列入职称评审标准，并做好优秀乡镇农技员、最美基层农技员等评选工作。

由此可见，山东省滕州市在全国范围内来讲，属于农业发展水平较高、农业推广工作开展较好的地区，在此地区开展实地调查，可以更好地检验本研究提出的相关理论假设。

第二，笔者的家乡位于山东省滕州市，对于当地的农业产业发展状况、农业推广工作的开展情况等均有一定程度的了解，且与当地政府部门、企业等有一定程度的交流与联系，这都方便于开展进一步的实地调查工作。

基于此，笔者于2017年7月前往山东省滕州市（县级市）及其下属的政府农技推广机构，对在那里工作的基层农技推广人员进行调研。调研主要采取现场填写调查问卷并辅助以深度访谈的形式展开。与此同时，为了保证抽样的科学性，本研究采用简单随机抽样中的不重复抽样来抽取本次的调研对象，具体做法为：将总体的全部单位逐一作签，混合均匀后进行抽取。首先，在滕州市下辖21个镇街，其中有4个街道和17个乡镇，通过随机抽样的方法随机抽取了13个乡镇和1个街道（荆河街道），13个乡镇分别为：姜屯镇、西岗镇、界河镇、洪绪镇、级索镇、龙阳镇、张汪镇、鲍沟镇、南沙河镇、官桥镇、大坞镇、羊庄镇、木石镇。对滕州市农业局下辖的11个事业单位逐一标号，通过不重复的随机抽样方法随机抽取了9个样本框，分别为：滕州市蔬菜站、滕州市农村能源办公室、滕州市农业综合执法大队、滕州市农业广播电视学校、滕州市农技站、滕州市植保站、滕州市土肥站、滕州市植物检疫站、滕州市种子管理站。最后，再用纯随机抽样的方法从13个乡镇、1个街道和9个农业局下辖事业单位中分别随机抽取若干推广人员作为本次调研的被调查者。本次调研共获得调查问卷200份，其中有效问卷200份，问卷有效回收率为100%。

5.2 样本特征

本节的样本特征分析主要从基层农技推广人员的性别、年龄、婚姻状况、学历水平、收入情况、专业技术职称情况、从事农业推广工作的主要方法、从事农业推广工作时的主要交通工具情况、是否为中共党员身份、有无慢性病史、从事农技推广工作的平均年数、从事农业推广时的平均补贴、农技推广时间占总工作时间比重等部分展开，基本涵盖了基层农技推广人员的基本信息情况，具体分布见表5-1，有效样本总数为200个。

从这些样本特征中，可以捕捉到一些真实有用的信息：在抽取的调查样本中，36岁及以下的基层农技推广人员占到了样本总数的25.5%（甚至高于46岁以上年龄的占比），而37～46岁的基层农技推广人员占到了样本总数的49.5%，可以看出滕州市的基层农业推广人员队伍年龄结构非常合理，“80后”和“60后”人数比例相当，而正值壮年的“70后”队伍占到了接近一半的比例，老中青三代比例结合得很好。在抽取的样本中，大专及以上学历的基层农技推广人员所占比例为81%，被调查者的学历水平较高，这与2009年滕州市政府下发《滕州市人民政府关于基层农技推广体系改革的意见》中明确了市、镇农业技术推广机构的公益性职能，经费及人员工资全额纳入财政预算，在事业单位招考中吸纳了一大批高校农业青年人才密切相关。在抽取的样本中，基层农技推广人员的月均工资在2 500～3 500元的所占比例为58.5%，在3 500～4 500元的所占比例为34.5%，4 500元以上的所占比例为7%，与此同时，在专业技术职称方面，初级及无职称的推广人员所占比例为54.5%，中级所占比例为37%，高级所占比例为8.5%，由于滕州市事业单位工资水平和职称是相挂钩的，对比两者之间数据比例，比较符合现状。基层农技推广人员从事农技推广工作时的方法仍主要为实地入户或者入田间技术示范和指导，所占比例为80%，随着公务用车改革等，基层农技推广人员在从事农技推广工作时所使用的主要交通工具开始以公共交通工具和私人交通工具为主，两者占到了68%。在抽取的样本中，基层农技推广人员从事农业推广工作的平均时间为10.6年，也基本符合样本的年龄分布；被调查者中仅有13%的基层农技推广人员在下乡开展农技推广时有少

表 5-1 调查样本的基本特征(*N*=200)

统计内容	类别	数量(百分比)
性别	男	111(55.5%)
	女	89(44.5%)
年龄	16～26 岁	5(2.5%)
	27～36 岁	46(23.0%)
	37～46 岁	99(49.5%)
	46 岁以上	50(25.0%)
婚姻状况	已婚	159(79.5%)
	未婚	34(17.0%)
	离婚/丧偶	7(3.5%)
学历水平	高中及以下学历	38(19.0%)
	大专及以上学历	162(81.0%)
月均收入	2 500～3 500 元	117(58.5%)
	3 501～4 500 元	69(34.5%)
	4500 元以上	14(7.0%)
专业技术职称	无职称	18(9.0%)
	初级	91(45.5%)
	中级	74(37.0%)
	高级	17(8.5%)
从事推广工作的主要方法	实地的技术示范和指导	160(80.0%)
	与农户组织座谈和研讨会等	16(8.0%)
	发放科技图书、报刊等资料	11(5.5%)
	在推广办公室与农户沟通交流	13(6.5%)
从事推广工作时的主要交通工具	单位的汽车	39(19.5%)
	单位摩托车或电动车、自行车	25(12.5%)
	公共交通	41(20.5%)
	私人汽车	17(8.5%)
	私人的电动车或摩托车	78(39.0%)
中共党员身份		162(81.0%)
无慢性病史		181(90.5%)
从事农技推广工作的平均年数		10.6 年
下乡推广时具有补贴比例(%)		13
人均农技推广时间占总工作时间(%)		54

量的津贴补助，而其余87%的基层农技推广人员在下乡开展农技推广时没有任何的补助。

除此之外，值得注意的是，实际（下乡）开展农技推广时间占总工作时间的人均值只有54%，长期以来备受诟病的行政事务占用基层农技推广人员工作时间过多的问题仍没有得到较好的改善。

5.3 样本描述性统计

5.3.1 组织公平感知分量表的描述性统计

表5-2列出了本研究用于衡量基层农技推广人员组织公平感知的7个测度题项及其平均值。可以看出在样本中，所有题项的得分均值均≥4分，测度互动公平的题项“单位对您是尊重和友好的”得分最高，为5.7分，而测度分配公平的题项“您的收入与您在工作中做出的努力和投入相比较是公平的”得分最低，为4.0分，所有题项的总均值为4.8分，可以认为样本所调查的200位基层农技推广人员的组织公平感知程度较高，属于中等偏上的水平。具体来看，基层农技推广人员组织分配公平感知维度的得分均值为4.1分，组织程序公平感知维度的得分均值为5.0分，而组织互动公平感知维度的得分均值为5.6分，可以看出被调查的基层农技推广人员组织互动公平感知水平最高，远高于其组织分配公平感知水平，说明目前基层农技推广人员对于自身收入分配的公平感知程度相较于程序规范、交流互动的公平感知程度而言还较低，满意度并不高。

表 5-2 组织公平感知分量表的描述性统计

测 度 题 项	均值
FPGP1:您的收入与本地区同类型推广人员的收入相比较是公平的	4.3
FPGP2:您的收入与您在工作中做出的努力和投入相比较是公平的	4.0
FPGP3:您的收入与单位分配给您的角色、责任相比较是公平的	4.1
CXGP1:单位内部有一贯连续且明确的政策制度与流程(包括考核、晋升等)	5.1
CXGP2:单位内部的政策制度是规范的、不存在任何歧视的	4.8
HDGP1:单位上下级之间的相互沟通是畅通无阻的	5.4
HDGP2:单位对您是尊重和友好的	5.7

5.3.2 社会资本分量表的描述性统计

表 5-3 列出了本研究用于衡量基层农技推广人员社会资本的 6 个测度题项及其平均值。可以看出在样本中,除了测度基层农技推广人员社会资本结构维度的题项"单位经常举办各种形式的活动来增强员工间的互动"得分很低,只有 2.2 分外,其余所有题项的得分均值均≥5 分,测度基层农技推广人员社会资本关系维度题项"您单位同事彼此之间是相互信任的"得分最高,为 5.9 分,所有题项的总均值为 5.0 分,可以认为样本所调查的 200 位基层农技推广人员的社会资本水平较高,属于中等偏上的水平。具体来看,基层农技推广人员社会资本结构维度的得分均值为 4.0 分,社会资本关系维度的得分均值为 5.8 分,而社会资本认知维度的得分均值为 5.2 分,可以看出被调查的基层农技推广人员社会资本关系维度、认知维度水平均很高,远高于社会资本结构维度水平,说明被调查的绝大多数的基层农技推广人员在推广组织内部与同事建立了良好的信任与熟悉的关系,与同事拥有较好的共同愿景与价值观,并且这种关系能够给自己带来稳定的社会资源和预期,但是可以明显发现的是,现阶段基层农技推广组织所举办的用以增强组织内农技推广人员互动关系的活动并不多。

表 5-3 社会资本分量表的描述性统计

测 度 题 项	均值
JG1:单位经常举办各种形式的活动来增强员工间的互动	2.2
JG2:当工作遇到困难时,单位同事之间能够互相帮助与依赖	5.8
GX1:您单位同事彼此之间是相互信任的	5.9
GX2:单位同事对您的承诺是可靠的	5.7
RZ1:对于推广工作,单位成员都有着共同的愿景和价值观	5.0
RZ2:在推广工作中,单位同事彼此间形成了良好的配合与默契	5.4

5.3.3 主观幸福感分量表的描述性统计

表 5-4 列出了本研究用于衡量基层农技推广人员主观幸福感的 4 个测度题项及其平均值。经过处理后,4 个测度题项的总体均值为 5.1 分,说明所调查的 200 位基层农技推广人员主观幸福感水平较高。具体来看,主观幸福感的认知部分,对于生活满意度的测度题项"从总体上看,您对现在的生活是满意的"得分最高,为 5.5 分,对于工作满意度的测度题项"从总体上看,您对现在的工作情况是满意的"得分均值为 5.3 分,也就是说主观幸福感的认知部分水平较高,即对于自己的工作和生活状态较为满意。相比之下,主观幸福感的情绪体验部分则趋近于积极情绪和消极情绪相抵的状态,处于一个情绪状态的平稳水平。

表 5-4 主观幸福感分量表的描述性统计

测 度 题 项	均值
SWB1:从总体上看,您对现在的生活是满意的	5.5
SWB2:从总体上看,您对现在的工作情况是满意的	5.3
SWB3:在过去的一个月,您总是充满活力,认为自己有能力战胜困难与压力	5.1
SWB4:在过去的一个月,您很容易产生挫败感	4.5

5.3.4 组织公民行为分量表的描述性统计

表5-5列出了本研究用于衡量基层农技推广人员组织公民行为的11个测度题项及其平均值。可以看出在样本中，除了测度基层农技推广人员组织公民行为自我层面的题项“您会积极主动地申请参加各类推广培训班，甚至可能选择自费进修培训”得分较低，为4.9分外，其余所有题项的得分均值均≥5分，测度基层农技推广人员组织公民行为组织层面题项“您积极地参加单位组织的各类活动（如评比、竞赛等）”得分最高，为6.0分，所有题项的总均值为5.5分，可以认为样本所调查的200位基层农技推广人员所表现出的组织公民行为属于比较高的水平。具体来看，基层农技推广人员组织公民行为自我层面的得分均值为5.1分，组织公民行为群体层面的得分均值为5.8分，组织公民行为组织层面的得分均值为5.7分，而组织公民行为社会层面的得分均值为5.6分，可以看出被调查的基层农技推广人员组织公民行为群体、组织和社会层面表现出的水平均很高，相比之下，组织公民行为自我层面水平表现得更低一些，说明被调查者的积极角色外行为输

表5-5 组织公民行为分量表的描述性统计

测度题项	均值
ZW1:您在闲暇时会利用网络等媒介来增强业务学习	5.3
ZW2:您会积极主动地申请参加各类推广培训班，甚至可能选择自费进修培训	4.9
ZW3:您会选择主动加班以更好地完成日常的推广任务	5.0
QT1:您会向年轻的（或新来的）同事分享、传授自己的推广技术与经验	5.7
QT2:您经常主动帮助同事解决推广工作中遇到的难题	5.6
QT3:您会帮助调解同事间的冲突与矛盾	5.8
QT4:您会帮助同事解决生活中遇到的困难	5.9
ZZ1:您积极地参加单位组织的各类活动（如评比、竞赛等）	6.0
ZZ2:您经常主动向单位提出实用、有效的建议	5.4
SH1:您会积极地投入到社区公共服务活动中去	5.7
SH2:在社区生活中，您会时刻约束自身的言行举止以维护自己单位的形象	5.5

出是有选择倾向的，绝大多数的基层农技推广人员更愿意在群体、组织和社会层面输出自己的一些积极的角色外行为，对于更加强调内在持续投入、不为人所察觉的自我层面的一些积极的角色外行为输出更少一些。

5.4 信度检验

对于回归模型而言，必须首先通过信度检验，以考察各观测变量的一致性程度，这是保证潜变量之间理论关系存在的重要条件。因此，本节的任务是对基层农技推广人员的组织公平感知、社会资本、主观幸福感、组织公民行为 4 个主要的变量进行信度检验，本研究的信度检验主要是进行内部一致性检验。

对于量表而言，信度是极为重要的技术性指标。信度指的是测量结果的一致性或稳定性，也就是研究者对于相同的或相似的现象（或群体）进行不同的测量（不同形式的或不同时间的），其所得的结果一致的程度（荣泰生，2009）。根据测量的时点、工具等的不同，测量信度的方法一般包括内在一致性信度测量和复本信度测量等。

本研究主要采用内在一致性的信度测量方法。当今学界内的专题研究，特别是在单一因子内，测量内在一致性最为普遍使用的指标便是 Cronbach's α 系数。这一系数在 0～1 之间变化，当在某一建构变量下，其度量题项的 Cronbach's α 系数大于 0.7，表示其内在一致性效果良好，也就是说属于高信度，这一标准也为学者们所普遍认可。因此，本研究将以一致性系数值 Cronbach's α 是否大于 0.7，以及每一题项若已删除的 Cronbach's α 系数均不大于整个分量表的 Cronbach's α 系数作为信度测量的主要考核标准。

5.4.1 组织公平感知量表的信度检验

表 5-6 显示的是对组织公平感知分量表的信度分析结果，可以看出测量基层农技推广人员组织公平感知的 7 个题项内部一致性系数值 Cronbach's α 为 0.807，高于 0.7 的可接受标准，并且 7 个题项若已删除的 Cronbach's α 均小于 0.807，故此分量表属于较高信度。

表 5-6 组织公平感知量表的信度分析结果

题项	题项若已删除的 Cronbach's α	Cronbach's α
FPGP1	0.801	
FPGP2	0.798	
FPGP3	0.794	
CXGP1	0.793	0.807
CXGP2	0.799	
HDGP1	0.796	
HDGP2	0.792	

5.4.2 社会资本量表的信度检验

表 5-7 显示的是对社会资本分量表的信度分析结果，可以看出测量基层农技推广人员社会资本的 6 个题项内部一致性系数值 Cronbach's α 为 0.858，高于 0.7 的可接受标准，并且 7 个题项若已删除的 Cronbach's α 均小于 0.858，故此分量表属于高信度。

表 5-7 社会资本量表的信度分析结果

题项	题项若已删除的 Cronbach's α	Cronbach's α
JG1	0.842	
JG2	0.846	
GX1	0.851	0.858
GX2	0.845	
RZ1	0.849	
RZ2	0.845	

5.4.3 主观幸福感量表的信度检验

表 5-8 显示的是对主观幸福感分量表的信度分析结果，可以看出测量基层农技推广人员主观幸福感的 4 个题项内部一致性系数值 Cronbach's α 为 0.823，高于 0.7 的可接受标准，并且 4 个题项若已删除的 Cronbach's α 均小于 0.823，故此分量表属于较高信度。

表 5-8 主观幸福感量表的信度分析结果

题项	题项若已删除的 Cronbach's α	Cronbach's α
SWB1	0.809	
SWB2	0.817	0.823
SWB3	0.815	
SWB4	0.806	

5.4.4 组织公民行为量表的信度检验

表 5-9 显示的是对组织公民行为分量表的信度分析结果，可以看出测量

表 5-9 组织公民行为量表的信度分析结果

题项	题项若已删除的 Cronbach's α	Cronbach's α
ZW1	0.887	
ZW2	0.891	
ZW3	0.896	
QT1	0.904	
QT2	0.901	0.909
QT3	0.897	
QT4	0.892	
ZZ1	0.899	
ZZ2	0.891	
SH1	0.902	
SH2	0.898	

基层农技推广人员组织公民行为的11个题项内部一致性系数值Cronbach's α为0.909,远高于0.7的可接受标准,并且11个题项若已删除的Cronbach's α均小于0.909,故此分量表属于高信度。

5.5 效度检验

对于回归模型而言,信度检验过后还需通过效度检验,以考察各观测变量的有效性程度。因此,本节的任务是对基层农技推广人员的组织公平感知、社会资本、主观幸福感、组织公民行为4个主要的变量进行效度检验,本研究的效度检验主要从两个方面进行,即内容效度检验和建构效度检验。

效度检验的目的在于一方面保证该测量工具是在测量其所要探讨的构念(construct),而非其他;另一方面则是检验该测量工具是否能正确地测量出该构念。前者实为检验内容效度,也就是指测量工具能否覆盖到它所要测量的某一构念的各个层面;后者则为检验建构效度,指测量工具能够测量理论构念的程度。本研究的效度检验也主要从这两个方面进行。

内容效度是指测度量表是否可以涵盖它所要测量的某一构念的全部层面。本研究所采用的测度量表大多是在国内外学者实证研究基础上形成的。相应测度指标的选取和测度题项的设置主要参考了国内外均使用过的成熟量表,并在不改变原意的前提下结合本研究内容对题项的表述做出了适当的修改和调整。在问卷正式发放之前,首先根据人力资源研究领域、农业推广领域相关专家学者的意见对问卷进行了第一次修改,然后在局部范围内对部分基层农技推广人员进行了预调研,并根据反馈的意见结果、数据基本情况,结合部分所调研基层农技推广人员的相关建议对问卷进行了第二次修改并最终形成了正式发放的问卷。基于以上步骤,可以认为本研究所采用的量表具有较高的内容效度。因此本节的重点在于对量表建构效度的分析。

建构效度分为收敛效度和区别效度。荣泰生(2009)指出,收敛效度所探讨的是周延性的问题,即要求对原理论建构的充分了解,而区别效度所探讨的是排他性的问题,即将不相关的理论建构排除在外。一般来讲,用来检验建构效度的标准包括两个方面:一方面是观察各题项在建构变量上的负荷情况,需要各题项的因子负荷量大于0.5;另一方面则是利用结构方程模型常用的拟合指数来检验模型本身的拟合情况。因此,对建构效度的分析主要是通过探索性因子分析和验证性因子分析共同来进行的。

5.5.1 探索性因子分析

本研究通过探索性因子分析可以去掉一些因子负荷量较低的观测题项,从而分析出所建构变量的内在结构,具体来讲包括获得各测度题项对其相应的建构变量的因子负荷量以及主要因子对于建构变量的累积方差解释量。本研究的探索性因子分析,主要是通过主成分分析法来实现的,而选取共同因子转轴的方法则选用了最大方差正交转轴法。吴明隆(2010)认为,在社会科学领域中,所萃取的共同因子累计解释变异量在50%以上,因子分析的结果是可以接受的。基于此,本研究在提取主成分时所遵循的原则是:首先限定特征值大于1,同时提取的因子至少能累计解释50%以上的变异量。如若限定特征值大于1所提取的因子不能累计解释50%以上的变异量,则加大提取因子的个数,直到提取的因子至少能累计解释50%的变异量为止。根据陈顺宇(2004)、吴明隆(2010)等学者的观点,在因子分析程序中,因子负荷量的挑选准则应与样本大小相对应,当样本量在150~200之间时,因子负荷量的挑选标准至少在0.4以上。为进一步保证统计的严谨性和科学性,在本研究的探索性因子分析中,以因子负荷量大于0.5作为保留题项的标准。此外，检验当前因子分析的样本量适当性量数指标 KMO (kaiser-meyer-olkin)，根据 Kaiser & Rice(1974)的观点，也应当至少在 0.6 以上。

(1)对组织公平感知的探索性因子分析

本研究通过 SPSS20.0 软件对组织公平感知的 7 个题项进行探索性因子分析，表 5-10 显示了旋转后的因子提取结果。首先，KMO 为 0.747，卡方统计值的显著性水平为 0.000，小于 0.001，表明各指标之间具有较高的相关性，数据适合进行因子分析。

表 5-10　旋转后的组织公平感知变量因子提取结果

新因子名称	题项	1	2	3
1. 组织分配公平感知	FPGP2	0.776		
	FPGP3	0.752		
	FPGP1	0.731		
2. 组织互动公平感知	HDGP1		0.803	
	HDGP2		0.766	
3. 组织程序公平感知	CXGP1			0.812
	CXGP2			0.750
Cronbach's α		0.771	0.765	0.758
累计解释变异量(%)			64.215	
KMO			0.747	
Bartlett 的球体检验	近似卡方值		501.375	
	Sig.		0.000	

在限定特征值大于 1 的前提下提取的三个因子可以累积解释 64.215%的变异量，高于所设定的 50%的标准，且分量表的一致性系数值 Cronbach's α 分别为 0.771、0.765 和 0.758，均具有较高的信度。具体来讲，从旋转后的因子负荷矩阵来看，组织公平感知的 7 个测度题项均负载在 3 个提取因子上。第 1 个提取因子中，3 个题项的因子负荷量均大于 0.5，根据 3.2.1 节的内涵与维度界定，将其命名为组织分配公平感知。第 2 个提取因子中，2 个

题项的因子负荷量也均大于 0.5，根据 3.2.1 节的内涵与维度界定，将其命名为组织互动公平感知。第 3 个提取因子中，2 个题项的因子负荷量也均大于 0.5，根据 3.2.1 节的内涵与维度界定，将其命名为组织程序公平感知。因此对变量组织公平感知进行因子分析可以提取三个主成分因子：组织分配公平感知、组织互动公平感知和组织程序公平感知，说明前文内涵与维度界定中对组织公平感知变量应从分配公平、程序公平和互动公平三个维度进行讨论是较为合适的。但组织公平感知分量表是否具备很高的建构效度，还需进行进一步的验证性因子分析。

(2)对社会资本的探索性因子分析

本研究通过 SPSS20.0 软件对社会资本的 6 个题项进行探索性因子分析，表 5-11 显示了旋转后的因子提取结果。首先，KMO 为 0.756，卡方统计值的显著性水平为 0.000，小于 0.001，表明各指标之间具有较高的相关性，数据适合进行因子分析。

表 5-11　旋转后的社会资本变量因子提取结果

新因子名称	题项	1	2	3
1. 社会资本的关系维度	GX2	0.818		
	GX1	0.796		
2. 社会资本的认知维度	RZ1		0.800	
	RZ2		0.754	
3. 社会资本的结构维度	JG1			0.712
	JG2			0.644
Cronbach's α		0.821	0.803	0.789
累计解释变异量(%)			61.793	
KMO			0.756	
Bartlett 的球体检验	近似卡方值		443.126	
	Sig.		0.000	

在限定特征值大于 1 的前提下提取的三个因子可以累积解释 61.793%的变异量，高于所设定的 50%的标准，且分量表的一致性系数值 Cronbach's α

分别为 0.821、0.803 和 0.789，均具有较高的信度。具体来讲，从旋转后的因子负荷矩阵来看，社会资本的 6 个测度题项均负载在 3 个提取因子上。第 1 个提取因子中，3 个题项的因子负荷量均大于 0.5，根据 3.2.2 节的内涵与维度界定，将其命名为社会资本的关系维度。第 2 个提取因子中，2 个题项的因子负荷量也均大于 0.5，根据 3.2.2 节的内涵与维度界定，将其命名为社会资本的认知维度。第 3 个提取因子中，2 个题项的因子负荷量也均大于 0.5，根据 3.2.2 节的内涵与维度界定，将其命名为社会资本的结构维度。因此对变量社会资本进行因子分析可以提取三个主成分因子：社会资本的关系维度、社会资本的认知维度和社会资本的结构维度，说明前文内涵与维度界定中对社会资本变量应从结构维度、关系维度和认知维度三个维度进行讨论是较为合适的。但社会资本分量表是否具备很高的建构效度，还需进行进一步的验证性因子分析。

(3)对主观幸福感的探索性因子分析

通过 SPSS 20.0 软件对主观幸福感的 4 个题项进行因子分析，表 5-12 显示了因子提取的结果。KMO 为 0.809，卡方统计值的显著性水平为 0.000，小于 0.001，表明各指标之间具有较高的相关性，数据适合进行因子分析。

表 5-12　主观幸福感变量因子提取结果

因子名称	题项	因子负荷量
主观幸福感	SWB2	0.762
	SWB3	0.747
	SWB1	0.716
	SWB4	0.631
累积解释变异量(%)		58.664
KMO		0.809
Bartlett 的球体检验	近似卡方值	160.912
	Sig.	0.000

从主观幸福感的因子负荷矩阵来看，4 个测度题项紧密地负载在 1 个因子上，解释变异量的比例为 58.664%，4 个题项的因子负荷量也均远高于 0.5 的标准值，可以认为主观幸福感分量表具备较高的建构效度。

(4)对组织公民行为的探索性因子分析

本研究通过 SPSS20.0 软件对组织公民行为的 11 个题项进行探索性因子分析，表 5-13 显示了旋转后的因子提取结果。首先，KMO 为 0.867，卡方统计值的显著性水平为 0.000，小于 0.001，表明各指标之间具有较高的相关性，数据适合进行因子分析。

在限定特征值大于 1 的前提下提取的四个因子可以累积解释 79.304% 的变异量，远高于所设定的 50% 的标准，且分量表的一致性系数值 Cronbach's α 分别为 0.881、0.870、0.823 和 0.792，均具有较高的信度。具体来讲，从旋转后的因子负荷矩阵来看，组织公民行为的 11 个测度题项均负载在 4 个提取因子上。第 1 个提取因子中，4 个题项的因子负荷量均大于 0.5，根据 3.2.4 节的内涵与维度界定，将其命名为组织公民行为的群体层面。第 2 个提取因子中，3 个题项的因子负荷量也均大于 0.5，根据 3.2.4 节的内涵与维度界定，将其命名为组织公民行为的自我层面。第 3 个提取因子中，2 个题项的因子负荷量也均大于 0.5，根据 3.2.4 节的内涵与维度界定，将其命名为组织公民行为的组织层面。第 4 个提取因子中，2 个题项的因子负荷量也均大于 0.5，根据 3.2.4 节的内涵与维度界定，将其命名为组织公民行为的社会层面。因此对变量组织公民行为进行因子分析可以提取四个主成分因子：组织公民行为的群体层面、自我层面、组织层面和社会层面，说明前文内涵与维度界定中对组织公民行为变量应从自我层面、群体层面、组织层面和社会层面四个维度进行讨论是较为合适的。但组织公民行为分量表是否具备很高的建构效度，还需进行进一步的验证性因子分析。

表 5-13 旋转后的组织公民行为变量因子提取结果

新因子名称	题项	1	2	3	4
1. 组织公民行为的群体层面	QT1	0.789			
	QT4	0.771			
	QT2	0.742			
	QT3	0.631			
2. 组织公民行为的自我层面	ZW1		0.835		
	ZW2		0.752		
	ZW3		0.695		
3. 组织公民行为的组织层面	ZZ1			0.730	
	ZZ2			0.711	
4. 组织公民行为的社会层面	SH1				0.795
	SH2				0.724
Cronbach's α		0.881	0.870	0.823	0.792
累计解释变异量(%)			79.304		
KMO			0.867		
Bartlett 的球体检验	近似卡方值		821.446		
	Sig.		0.000		

5.5.2 验证性因子分析

基于以上探索性因子分析的结果，本研究还需要进一步对具有多因子结构的变量进行验证性因子分析，以检验多因子结构对建构变量的拟合效果。本节所考察的建构变量主要是指组织公平感知、社会资本和组织公民行为，而不包括主观幸福感变量，这是因为这一变量中只包含了 1 个因子，并且在前文的检验中其所包含的观测题项的因子负荷量均大于 0.5，均具有较好的建构效度。

在验证性因子分析中，对建构变量的拟合进行检验的指标较多，但仍未有一个单一的指数可以用来全面地反映模型的拟合优度。根据前人的研究经验，本研究主要选用了以下几项常用的拟合指标来判断建构变量的拟合优度:CMIN/DF、SRMR、RMSEA、CFI、IFI、TLI。本研究的验证性因子分析主要借助 AMOS 20.0 软件来进行,具体的判断标准如表 5-14 所示。

表 5-14 模型拟合指标判断标准

拟合指标		判断标准
绝对拟合度指标	CMIN/DF(卡方与自由度之比)	小于或等于 3,表示模型拟合度较好
	SRMR	小于或等于 0.08,表示模型拟合度较好
	RMSEA	小于或等于 0.10,表示模型拟合度较好
增值拟合度指标	CFI(相对拟合度指标)	大于或等于 0.90,表示模型拟合度较好
	IFI(增量拟合度指标)	大于或等于 0.90,表示模型拟合度较好
	TLI(Tucker-Lewis 指标)	大于或等于 0.90,表示模型拟合度较好

(1)组织公平感知变量的验证性因子分析

表 5-15 和表 5-16 分别显示了组织公平感知分量表的模型拟合指标和验证性因子分析的结果。

表 5-15 组织公平感知模型拟合指标

CMIN/DF	SRMR	RMSEA	CFI	IFI	TLI
2.016	0.052	0.091	0.907	0.911	0.919

表 5-16 组织公平感知变量的验证性因子分析

路径关系	标准化因子负荷量	C. R.	*P*
FPGP3	0.691	—	—
FPGP2	0.723	7.887	***
FPGP1	0.668	7.013	***
CXGP2	0.779	—	—
CXGP1	0.661	7.001	***
HDGP2	0.785	—	—
HDGP1	0.779	8.382	***

注:$p<0.001$,用 *** 表示。

根据表 5-15 可以看出，模型卡方与自由度之比为 2.016，SRMR 为 0.052，RMSEA 为 0.091，CFI 为 0.907，IFI 为 0.911，TLI 为 0.919，均达到了表 5-14 所列的判断标准。因此从总体上来讲，可以认为组织公平感知变量的建构具有较好的拟合度。

从因子负荷量的角度来看，表 5-16 显示了组织公平感知 7 个测度题项在组织公平感知变量三个因子上的整体负荷情况。各个测度题项在相应因子上的负荷量都大于 0.5。此外组织分配公平感知和组织互动公平感知间的相关系数为 0.692，在 $p<0.001$ 水平上显著相关；组织分配公平感知和组织程序公平感知间的相关系数为 0.667，在 $p<0.001$ 水平上显著相关；组织程序公平感知和组织互动公平感知间的相关系数为 0.727，在 $p<0.001$ 水平上显著相关。综上，组织公平感知这一建构变量具有良好的建构效度。图 5-1 则直观反映了组织公平感知变量验证性因子分析的路径结果。

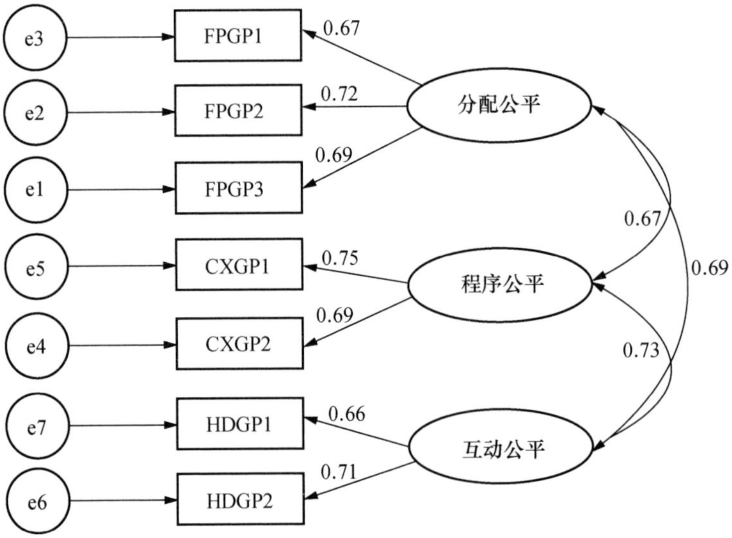

图 5-1　组织公平感知因子模型图

(2)社会资本变量的验证性因子分析

表 5-17 和表 5-18 分别显示了社会资本分量表的模型拟合指标和验证性因子分析的结果。

表 5-17 社会资本模型拟合指标

CMIN/DF	SRMR	RMSEA	CFI	IFI	TLI
1.829	0.064	0.093	0.902	0.908	0.912

根据表 5-17 可以看出,模型卡方与自由度之比为 1.829,SRMR 为 0.064,RMSEA 为 0.093,CFI 为 0.902,IFI 为 0.908,TLI 为 0.912,均达到了表 5-14 所列的判断标准。因此从总体上来讲,可以认为社会资本变量的建构具有较好的拟合度。从因子负荷量的角度来看,表 5-18 显示了社会资本 6 个测度题项在社会资本变量三个因子上的整体负荷情况。各个测度题项在相应因子上的负荷量都大于 0.5。

表 5-18 社会资本变量的验证性因子分析

路径关系	标准化因子负荷量	C. R.	*P*
JG2	0.711	—	—
JG1	0.670	7.039	***
GX2	0.817	—	—
GX1	0.805	8.972	***
RZ2	0.764	—	—
RZ1	0.791	8.562	***

注:$p<0.001$,用 *** 表示。

此外,社会资本的结构维度和关系维度间的相关系数为 0.664,在 $p<0.001$ 水平上显著相关;社会资本的结构维度和认知维度间的相关系数为 0.618,在 $p<0.001$ 水平上显著相关;社会资本的关系维度和认知维度间的相关系数为 0.743,在 $p<0.001$ 水平上显著相关;综上,社会资本这一建构

变量具有良好的建构效度。图 5-2 则直观反映了社会资本变量验证性因子分析的路径结果。

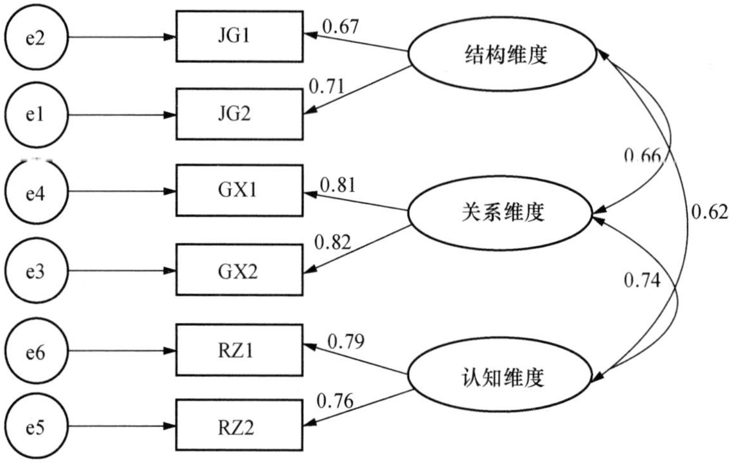

图 5-2　社会资本因子模型图

(3)组织公民行为变量的验证性因子分析

表 5-19 和表 5-20 分别显示了组织公民行为分量表的模型拟合指标和验证性因子分析的结果。

表 5-19　组织公民行为模型拟合指标

CMIN/DF	SRMR	RMSEA	CFI	IFI	TLI
2.579	0.037	0.066	0.922	0.934	0.936

表 5-20　组织公民行为变量的验证性因子分析

路径关系	标准化因子负荷量	C. R.	*P*
ZW3	0.831	—	—
ZW2	0.772	8.301	***
ZW1	0.803	8.957	***
QT4	0.805	—	—
QT3	0.823	8.209	***

续表 5-20

路径关系	标准化因子负荷量	C. R.	P
QT2	0.789	8.547	***
QT1	0.846	9.464	***
ZZ2	0.784	—	—
ZZ1	0.748	8.051	***
SH2	0.766	—	—
SH1	0.790	8.555	***

注：$p<0.001$，用 *** 表示。

根据表 5-19 可以看出，模型卡方与自由度之比为 2.579，SRMR 为 0.037，RMSEA 为 0.066，CFI 为 0.922，IFI 为 0.934，TLI 为 0.936，均达到了表 5-14 所列的判断标准。

因此，从总体上来讲，可以认为组织公民行为变量的建构具有较好的拟合度。从因子负荷量的角度来看，表 5-20 显示了组织公民行为 11 个测度题项在组织公民行为变量四个因子上的整体负荷情况。各个测度题项在相应因子上的负荷量都大于 0.5。此外，组织公民行为的自我层面和群体层面间的相关系数为 0.781，在 $p<0.001$ 水平上显著相关；组织公民行为的自我层面和组织层面间的相关系数为 0.734，在 $p<0.001$ 水平上显著相关；组织公民行为的自我层面和社会层面间的相关系数为 0.717，在 $p<0.001$ 水平上显著相关；组织公民行为的群体层面和组织层面间的相关系数为 0.794，在 $p<0.001$ 水平上显著相关；组织公民行为的群体层面和社会层面间的相关系数为 0.756，在 $p<0.001$ 水平上显著相关；组织公民行为的组织层面和社会层面间的相关系数为 0.701，在 $p<0.001$ 水平上显著相关。综上，组织公民行为这一建构变量具有良好的建构效度。图 5-3 则直观反映了组织公民行为变量验证性因子分析的路径结果，需要说明的是，由于交叉箭头过多，图中四个主要因子两两间的相关系数不再专门标注。

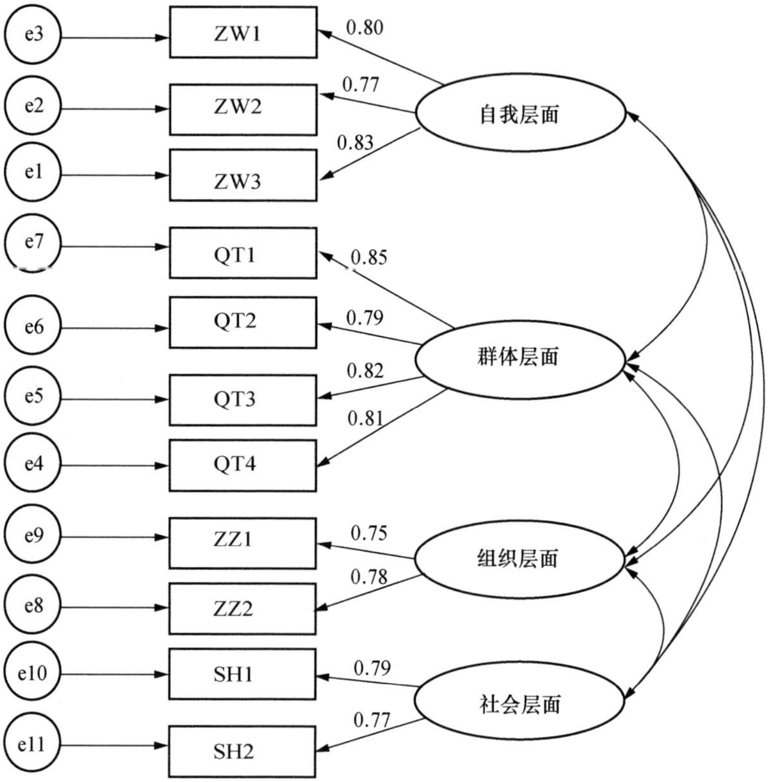

图 5-3　组织公民行为因子模型图

5.6　相关性分析

在进行下一步的回归假设检验之前，还需要进行变量之间的相关性分析(一些研究将相关性分析纳入效标关联效度检验之中)。简单来说，相关性分析是分析变量之间关系密切程度的一种数据分析方法。变量间的关系密切程度通常用 Pearson 相关系数来衡量。本研究借助 SPSS20.0 软件检验了组织公平感知的分配公平感知、程序公平感知和互动公平感知三个维度、社会资本的结构、关系和认知三个维度、主观幸福感、组织公民行为等核心建构变量以及控制变量之间的相关性情况，具体的 Pearson 相关系数见表 5-21。

一般来讲，进行回归分析的重要前提是研究中所涉及的核心变量之间存在着较为显著的相关关系。因此根据表 5-21 中所展示的变量两两之间的相关性结果，从组织公平感知各维度对主观幸福感的影响来看，组织分配公平感知和组织程序公平感知与主观幸福感之间存在着显著的相关关系。从社会资本各维度对主观幸福感的影响来看，社会资本的关系维度和认知维度与主观幸福感之间存在着显著的相关关系。从组织公平感知各维度对组织公民行为的影响来看，组织分配公平感知、组织程序公平感知和组织互动公平感知均与组织公民行为之间存在着显著的相关关系。从社会资本各维度对组织公民行为的影响来看，社会资本的关系维度和认知维度与组织公民行为之间存在着显著的相关关系。而主观幸福感与组织公民行为之间也存在着显著的相关关系。这些结果初步表明了本研究主要假设推演的合理性，并为下一步的假设检验提供了初步依据。然而以上的相关性分析仅仅证明了双变量相互间具有相关性，具体的因果关系和影响程度等还需要在一定的关系框架下展开进一步的回归分析等。

表 5-21　各变量间 pearson 相关系数矩阵

项目	1	2	3	4	5	6	7	8	9	10	11
1. 年龄	1										
2. 收入	0.119	1									
3. 推广年限	0.166*	−0.087	1								
4. 分配公平	0.181*	0.101	0.205*	1							
5. 程序公平	−0.103	0.076	0.001	0.334**	1						
6. 互动公平	0.221*	0.112	0.184*	0.441**	0.412**	1					
7. 结构资本	0.111	0.027	−0.065	0.064	0.130	−0.047	1				
8. 关系资本	0.174*	0.068	0.264**	0.073	0.021	−0.773	0.241*	1			
9. 认知资本	0.147	−0.031	0.174*	−0.038	0.006	0.063	0.319**	0.483**	1		
10. 幸福感	0.168*	0.144	0.214*	0.481**	0.445**	0.124	0.094	0.496**	0.411**	1	
11. OCB	0.192*	−0.113	0.275**	0.586**	0.532**	0.450**	0.132	0.442**	0.395**	0.542**	1

注：** 表示在 0.01 水平上(单侧)显著相关；* 表示在 0.05 水平上(单侧)显著相关；$N=200$。

5.7 组织公平感知、社会资本对主观幸福感直接影响的假设检验

围绕着组织公平感知、社会资本对主观幸福感影响的相关理论假设，本节主要检验基层农技推广人员的组织公平感知、社会资本对其主观幸福感的直接影响作用。

5.7.1 组织公平感知对主观幸福感直接影响的假设检验

为进一步验证基层农技推广人员组织公平感知对其主观幸福感直接影响的相关假设，本研究主要借助 SPSS20.0 软件利用多元回归分析的方法进行实证研究。在进行多元回归分析之前，首先需要对变量的多重共线性进行检验。根据吴明隆(2010)的建议，多重共线性问题主要通过容忍度(tolerance)和方差膨胀因子(variance inflation factor，VIF)两大指标来判断，当容忍度大于 0.1 及方差膨胀因子小于 10 时，便可以认为各变量之间基本上不存在多重共线性。模型运行结果显示：各变量的容忍度均在 0.394～0.977 之间浮动，相应的方差膨胀因子 VIF 也在 2.538～1.024 的区间范围内，均符合容忍度大于 0.1 且方差膨胀因子 VIF 小于 10 的标准，故可以认为诸多解释变量之间并不存在多重共线性问题。

在控制了基层农技推广人员的年龄、收入水平和从事农业推广工作年限三个变量后得出了回归结果(表 5-22)。模型 1 分析了作为控制变量的基层农技推广人员的年龄、收入水平和从事农业推广工作年限对其主观幸福感的影响；模型 2 和模型 3 则分别分析了基层农技推广人员的组织公平感

知对其主观幸福感的影响以及基层农技推广人员组织公平感知三个子维度:分配公平感知、程序公平感知和互动公平感知对主观幸福感的影响。

表 5-22　组织公平感知对主观幸福感影响的回归分析结果

变　量	主观幸福感		
	模型 1	模型 2	模型 3
控制变量			
年龄	0.132*	0.101	0.093
收入水平	0.091	0.056	0.050
工作年限	0.167*	0.125*	0.124*
主变量			
组织公平感知		0.426***	
分配公平感知			0.228**
程序公平感知			0.161*
互动公平感知			0.027
F	9.638***	18.231***	18.878***
R^2	0.148	0.441	0.449
调整后的 R^2	0.129	0.427	0.434

注:$p<0.1$,用*表示;$p<0.05$,用**表示;$p<0.01$,用***表示。

根据表 5-22 回归分析结果,模型 1 反映了作为控制变量的基层农技推广人员的年龄、从事农业推广年限对于其主观幸福感有显著的正向影响,即对于调查样本而言,当基层农技推广人员的年龄越大、从事农业推广年限越长时,其主观幸福感水平也就越高。

从模型 2 的运行结果可知,组织公平感知的 β 系数为 0.426,在 $p<0.01$ 的水平下显著相关,即基层农技推广人员的组织公平感知对其主观幸福感水平有直接显著的正向影响,故假设 H1 得到支持。从模型 3 的运行结果可知,分配公平感知维度的 β 系数为 0.228,在 $p<0.05$ 的水平下显著相关,程序公平感知的 β 系数为 0.161,在 $p<0.1$ 的水平下显著相关,即基层农技推广人员的分配公平感知和程序公平感知对其主观幸福感水平均有直接显著的正向影响,故假设 H1a 和 H1b 均得到支持。虽然基层农技推广人

员的互动公平感知对其主观幸福感也有正向影响，但统计意义并不显著，因而假设 H1c 并未得到支持。

5.7.2 社会资本对主观幸福感直接影响的假设检验

为进一步验证基层农技推广人员社会资本对其主观幸福感直接影响的相关假设，本研究主要借助 SPSS20.0 软件利用多元回归分析的方法进行实证研究。在进行多元回归分析之前，首先需要对变量的多重共线性进行检验。根据吴明隆(2010)的建议，多重共线性问题主要通过容忍度和方差膨胀因子(VIF)两大指标来判断，当容忍度大于 0.1 及方差膨胀因子小于 10 时，便可以认为各变量之间基本上不存在多重共线性。模型运行结果显示：各变量的容忍度均在 0.567～0.962 之间浮动，相应的方差膨胀因子 VIF 也在 1.764～1.040 的区间范围内，均符合容忍度大于 0.1 且方差膨胀因子 VIF 小于 10 的标准，故可以认为诸多解释变量之间并不存在多重共线性问题。

在控制了基层农技推广人员的年龄、收入水平和从事农业推广工作年限三个变量后得出了回归结果(表 5-23)。根据表 5-23 回归分析结果，模型 1 依旧反映了作为控制变量的基层农技推广人员的年龄、从事农业推广年限对于其主观幸福感有显著的正向影响。从模型 2 的运行结果可知，社会资本的 β 系数为 0.404，在 $p<0.01$ 的水平下显著相关，即基层农技推广人员的社会资本对其主观幸福感水平有直接显著的正向影响，故假设 H3 得到支持。从模型 3 的运行结果可知，社会资本的关系维度 β 系数为 0.209，在 $p<0.05$ 的水平下显著相关，社会资本的认知维度 β 系数为 0.127，在 $p<0.1$ 的水平下显著相关，即基层农技推广人员社会资本的关系维度和认知维度对其主观幸福感水平均有直接显著的正向影响，故假设 H3b 和 H3c 均得到支持。虽然基层农技推广人员社会资本的结构维度对其主观幸福感也有正向影

响，但统计意义并不显著，因而假设 H3a 并未得到支持。

表 5-23 社会资本对主观幸福感影响的回归分析结果

变量	主观幸福感		
	模型 1	模型 2	模型 3
控制变量			
年龄	0.132*	0.123	0.117
收入水平	0.091	0.072	0.067
工作年限	0.167*	0.141*	0.134*
主变量			
社会资本		0.404***	
社会资本的结构维度			0.062
社会资本的关系维度			0.209**
社会资本的认知维度			0.127*
F	9.638***	17.979***	18.077***
R^2	0.148	0.430	0.435
调整后的 R^2	0.129	0.419	0.422

注：$p<0.1$，用*表示；$p<0.05$，用**表示；$p<0.01$，用***表示。

5.8 组织公平感知、社会资本对组织公民行为直接影响的假设检验

围绕着组织公平感知、社会资本对组织公民行为的相关理论假设，本节主要检验基层农技推广人员的组织公平感知、社会资本对其组织公民行为的直接影响作用。

5.8.1 组织公平感知对组织公民行为直接影响的假设检验

为验证基层农技推广人员组织公平感知对其组织公民行为直接影响的相关假设，本研究主要借助SPSS20.0软件利用多元回归分析的方法进行实证研究。在进行多元回归分析之前，首先需要对变量的多重共线性进行检验。根据吴明隆(2010)的建议，多重共线性问题主要通过容忍度和方差膨胀因子(VIF)两大指标来判断，当容忍度大于0.1及方差膨胀因子小于10时，便可以认为各变量之间基本上不存在多重共线性。模型运行结果显示：各变量的容忍度均在0.812到0.987之间浮动，相应的方差膨胀因子VIF也在1.232～1.013的区间范围内，均符合容忍度大于0.1且方差膨胀因子VIF小于10的标准，故可以认为诸多解释变量之间并不存在多重共线性问题。

在控制了基层农技推广人员的年龄、收入水平和从事农业推广工作年限三个变量后得出了回归结果(表5-24)。模型1分析了作为控制变量的基层农技推广人员的年龄、收入水平和从事农业推广工作年限对其组织公民行为的影响；模型2和模型3则分别分析了基层农技推广人员的组织公平感知对其组织公民行为的影响以及基层农技推广人员组织公平感知三个子维度：分配公平感知、程序公平感知和互动公平感知对组织公民行为的影响。

根据表5-24回归分析结果，模型1反映了作为控制变量的基层农技推广人员的年龄、从事农业推广年限对于其组织公民行为有显著的正向影响，即对于调查样本而言，当基层农技推广人员的年龄越大、从事农业推广年限越长时，其表现出的组织公民行为也就越多。值得注意的是，尽管统计意义并不显著，但是基层农技推广人员的收入水平对其组织公民行为是一种负向影响。

表 5-24 组织公平感知对组织公民行为影响的回归分析结果

变量	组织公民行为		
	模型 1	模型 2	模型 3
控制变量			
年龄	0.163*	0.138*	0.134*
收入水平	−0.102	−0.089	−0.090
工作年限	0.203**	0.171*	0.169*
主变量			
组织公平感知		0.487***	
分配公平感知			0.220**
程序公平感知			0.135*
互动公平感知			0.124*
F	9.706***	20.561***	20.632***
R^2	0.151	0.498	0.504
调整后的 R^2	0.132	0.477	0.484

注：$p<0.1$，用 * 表示；$p<0.05$，用 * * 表示；$p<0.01$，用 * * * 表示。

从模型 2 的运行结果可知，组织公平感知的 β 系数为 0.487，在 $p<0.01$ 的水平下显著相关，即基层农技推广人员的组织公平感知对其组织公民行为有直接显著的正向影响，故假设 H2 得到支持。从模型 3 的运行结果可知，分配公平感知维度的 β 系数为 0.220，在 $p<0.05$ 的水平下显著相关；程序公平感知的 β 系数为 0.135，在 $p<0.1$ 的水平下显著相关；互动公平感知的 β 系数为 0.124，在 $p<0.1$ 的水平下显著相关，即基层农技推广人员的分配公平感知、程序公平感知和互动公平感知均对其主观幸福感水平均有直接显著的正向影响，故假设 H2a、H2b 和 H2c 均得到支持。

5.8.2 社会资本对组织公民行为直接影响的假设检验

为进一步验证基层农技推广人员社会资本对其组织公民行为直接影响

的相关假设，本研究主要借助 SPSS20.0 软件利用多元回归分析的方法进行实证研究。在进行多元回归分析之前，首先需要对变量的多重共线性进行检验。根据吴明隆(2010)的建议，多重共线性问题主要通过容忍度和方差膨胀因子(VIF)两大指标来判断，当容忍度大于 0.1 及方差膨胀因子小于 10 时，便可以认为各变量之间基本上不存在多重共线性。模型运行结果显示：各变量的容忍度均在 0.764～0.957 浮动，相应的方差膨胀因子 VIF 也在 1.309～1.045 的区间内，均符合容忍度大于 0.1 且方差膨胀因子 VIF 小于 10 的标准，故可以认为诸多解释变量之间并不存在多重共线性问题。

在控制了基层农技推广人员的年龄、收入水平和从事农业推广工作年限三个变量后得出了回归结果(表 5-25)。根据表 5-25 回归分析结果，模型 1 依旧反映了作为控制变量的基层农技推广人员的年龄、从事农业推广年限对于其组织公民行为有显著的正向影响。从模型 2 的运行结果可知，社会

表 5-25 社会资本对组织公民行为影响的回归分析结果

变 量	组织公民行为		
	模型 1	模型 2	模型 3
控制变量			
年龄	0.163*	0.143*	0.141*
收入水平	−0.102	−0.095	−0.090
工作年限	0.203**	0.180*	0.177*
主变量			
社会资本		0.441***	
社会资本的结构维度			0.089
社会资本的关系维度			0.192**
社会资本的认知维度			0.146*
F	9.706***	19.841***	18.077***
R^2	0.151	0.457	0.460
调整后的 R^2	0.132	0.438	0.440

注：$p<0.1$，用*表示；$p<0.05$，用**表示；$p<0.01$，用***表示。

资本的β系数为0.441，在$p<0.01$的水平下显著相关，即基层农技推广人员的社会资本对其组织公民行为有直接显著的正向影响，故假设H4得到支持。从模型3的运行结果可知，社会资本的关系维度β系数为0.192，在$p<0.05$的水平下显著相关，社会资本的认知维度β系数为0.146，在$p<0.1$的水平下显著相关，即基层农技推广人员社会资本的关系维度和认知维度对其组织公民行为均有直接显著的正向影响，故假设H4b和H4c均得到支持。虽然基层农技推广人员社会资本的结构维度对其组织公民行为也有正向影响，但统计意义并不显著，因而假设H4a并未得到支持。

5.9 主观幸福感中介效应的假设检验

5.9.1 中介效应分析原理

研究中介效应的目的是在已知自变量和因变量之间关系的基础上来探索这个关系内部所存在的作用机制。中介变量是由自变量引起的，并引起了因变量的变化，具体来讲，如果变量X通过影响变量M来影响Y，则称M为中介变量。假设所有变量都已中心化（均值为零），可用图5-4描述变量之间的关系。

本研究主要采用了学界较为认可的Baron & Kenny（1986）、温忠麟等（2005）所提出的中介效应分析方法：第一，要求自变量与因变量之间显著相关，如图5-4所示，Y与X显著相关，回归系数c显著；第二，要同时满足自变量X和中介变量M相关、中介变量M和因变量Y相关，即图5-4中的两个回归系数a和b显著。此时M便是X与Y之间的中介变量且中介效应显著。如果c'显著，则为部分中介，如果c'不显著，则为完全中介。其中c是

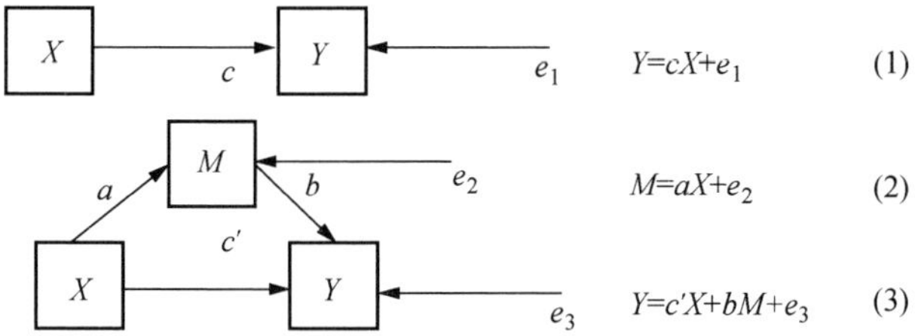

图 5-4 中介效应分析原理

X 对 Y 的总效应，$a\times b$ 是中介效应的大小。若两个回归系数 a 和 b 至少有一个不显著，则应该进行进一步的 SOBEL 检验，若检验通过，也可以说明中介效应显著。

5.9.2 中介效应检验

基于上述中介效应分析原理，为进一步探讨各变量间的关系并验证前文的相关假设，本研究主要借助 SPSS20.0 软件并利用层次回归分析的方法进行实证研究。

(1)主观幸福感在组织公平感知与组织公民行为间的中介效应检验

本研究首先检验主观幸福感在组织公平感知与组织公民行为间的中介效应。在进行回归分析之前，首先对变量间是否存在多重共线性进行检验。运行结果显示：各变量的 VIF 均在 1.004～1.760 之间，其相应的容忍度也在 0.996～0.568 的区间范围内浮动，符合前文所参照的容忍度大于 0.1 及方差膨胀因子小于 10 的标准，故可以认为各变量之间不存在多重共线性，可以进行下一步的分析。

在控制了基层农技推广人员的年龄、收入水平和从事农业推广工作年限三个变量后得出了回归结果(表 5-26)。模型 1 分析了基层农技推广人员的组织公平感知对其组织公民行为的影响；模型 3 分析了基层农技推广人员的组织公平感知对其主观幸福感的影响，这两个模型在前文中已经得到了检验。模型 2 分析了基层农技推广人员的主观幸福感对其组织公民行为的影响;模型 4 则分析了基层农技推广人员的组织公平感知和主观幸福感同时发挥作用时对其组织公民行为的影响。

表 5-26　主观幸福感中介效应的回归分析结果 1

变　量	组织公民行为（模型 1）	组织公民行为（模型 2）	主观幸福感（模型 3）	组织公民行为（模型 4）
控制变量				
年龄	0.138*	0.063	0.101	0.064
收入水平	−0.089	−0.051	0.056	−0.031
工作年限	0.171*	0.135*	0.125*	0.097
主变量				
组织公平感知	0.487***		0.426***	0.116
主观幸福感		0.689***		0.383***
F	20.561***	23.761***	18.231***	28.472***
R^2	0.498	0.538	0.441	0.664
调整后的 R^2	0.477	0.519	0.427	0.631

注:p<0.1,用*表示;p<0.05,用**表示;p<0.01,用***表示。

根据表 5-26,模型 2 主要是对基层农技推广人员的主观幸福感与其组织公民行为间的关系假设 H5 进行检验。从模型 2 的回归结果可以看出,主观幸福感变量的 β 系数为 0.689,在 $p<0.01$ 的水平下显著相关,故可以认为基层农技推广人员的主观幸福感对其组织公民行为有直接显著的正向影响,即假设 H5 得到支持。

在直接假设验证过后,根据上文的中介效应分析原理,本研究进一步地验证前文所提出的中介效应假设 H6。从表 5-26 中的回归分析结果可以得到:组织公平感知与其组织公民行为间的回归系数为 0.487,在 $p<0.01$ 的水平上显著(模型 1),组织公平感知与其主观幸福感间的回归系数为 0.426,在 $p<0.01$ 的水平上显著(模型 3)。模型 4 在模型 1 的基础上加入主观幸福感变量后,主观幸福感与组织公民行为之间的回归系数为 0.383,

在 $p<0.01$ 的水平上显著，组织公平感知与其组织公民行为之间的回归系数降为 0.166，统计意义并不显著。因此可以说明主观幸福感这一变量在基层农技推广人员的组织公平感知与组织公民行为之间起中介作用，而且为完全中介作用。其中中介效应的大小为 0.163，直接效应的大小为 0.324，故假设 H6 得到了支持与验证。

(2)主观幸福感在社会资本与组织公民行为间的中介效应检验

本小节主要检验主观幸福感在社会资本与组织公民行为间的中介效应。在进行回归分析之前，首先对变量间是否存在多重共线性进行检验。运行结果显示：各变量的 VIF 均在 1.004～1.760 之间，其相应的容忍度也在 0.996～0.568 的区间范围内浮动，符合前文所参照的容忍度大于 0.1 及方差膨胀因子小于 10 的标准，故可以认为各变量之间不存在多重共线性，可以进行下一步的分析。

在控制了基层农技推广人员的年龄、收入水平和从事农业推广工作年限三个变量后得出了回归结果(表 5-27)。模型 1 分析了基层农技推广人员的主观幸福感对其组织公民行为的影响；模型 2 分析了基层农技推广人员的主观幸福感对其组织公民行为的影响；模型 3 分析了基层农技推广人员的社会资本对其主观幸福感的影响，这三个模型在前文中已经得到了检验。模型 4 则分析了基层农技推广人员的社会资本和主观幸福感同时发挥作用时对其组织公民行为的影响。

根据上文的中介效应分析原理，本研究进一步地验证前文所提出的中介效应假设 H7。从表 5-27 中的回归分析结果可以得到：社会资本与其组织公民行为间的回归系数为 0.441，在 $p<0.01$ 的水平上显著(模型 1)，社会资本与其主观幸福感间的回归系数为 0.404，在 $p<0.01$ 的水平上显著(模型 3)。模型 4 在模型 1 的基础上加入主观幸福感变量后，主观幸福感与组织公民行为之间的回归系数为 0.401，在 $p<0.01$ 的水平上显著，社会资本与其组织公民行为之间的回归系数降为 0.223，在 $p<0.05$ 的水平上显著。

表 5-27 主观幸福感中介效应的回归分析结果 2

变量	组织公民行为（模型 1）	组织公民行为（模型 2）	主观幸福感（模型 3）	组织公民行为（模型 4）
控制变量				
年龄	0.143*	0.063	0.123	0.056
收入水平	−0.095	−0.051	0.072	−0.044
工作年限	0.180*	0.135*	0.141*	0.105
主变量				
社会资本	0.441***		0.404***	0.223**
主观幸福感		0.689***		0.401***
F	19.841***	23.761***	17.979***	25.914***
R^2	0.457	0.538	0.430	0.581
调整后的 R^2	0.438	0.519	0.419	0.563

注：p<0.1，用 * 表示；p<0.05，用 * * 表示；p<0.01，用 * * * 表示。

因此可以说明，主观幸福感这一变量在基层农技推广人员的社会资本与组织公民行为之间起中介作用，而且为部分中介作用。其中中介效应的大小为 0.162，直接效应的大小为 0.279，故假设 H7 得到了支持与验证。

5.10 结果讨论

本研究基于对山东省滕州市 200 位基层农技推广人员的调查，以基层农技推广人员个体与组织间的交互关系层面为切入视角，引入社会资本和组织公平感知两个重要的外显变量，通过构建起“组织公平感知/社会资本—主观幸福感—组织公民行为”的分析框架，探究了基层农技推广人员的组织公平感知和社会资本如何通过主观幸福感的中介传导机制来最终影响其组织公民行为的，取得了一些较有意义的理论成果。实证部分的所有假设及其验证结果汇总于表 5-28。

表 5-28　研究假设及实证检验结果汇总表

假设	假设关系	结果
H1	基层农技推广人员的组织公平感知对其主观幸福感有直接显著的正向影响	通过
H1a	基层农技推广人员的分配公平感知对其主观幸福感有直接显著的正向影响	通过
H1b	基层农技推广人员的程序公平感知对其主观幸福感有直接显著的正向影响	通过
H1c	基层农技推广人员的互动公平感知对其主观幸福感有直接显著的正向影响	未通过
H2	基层农技推广人员的组织公平感知对其组织公民行为有直接显著的正向影响	通过
H2a	基层农技推广人员的分配公平感知对其组织公民行为有直接显著的正向影响	通过
H2b	基层农技推广人员的程序公平感知对其组织公民行为有直接显著的正向影响	通过
H2c	基层农技推广人员的互动公平感知对其组织公民行为有直接显著的正向影响	通过
H3	基层农技推广人员的社会资本对其主观幸福感有直接显著的正向影响	通过
H3a	基层农技推广人员社会资本的结构维度对其主观幸福感有直接显著的正向影响	未通过
H3b	基层农技推广人员社会资本的关系维度对其主观幸福感有直接显著的正向影响	通过
H3c	基层农技推广人员社会资本的认知维度对其主观幸福感有直接显著的正向影响	通过
H4	基层农技推广人员的社会资本对其组织公民行为有直接显著的正向影响	通过

续表 5-28

假设	假设关系	结果
H4a	基层农技推广人员社会资本的结构维度对其组织公民行为有直接显著的正向影响	未通过
H4b	基层农技推广人员社会资本的关系维度对其组织公民行为有直接显著的正向影响	通过
H4c	基层农技推广人员社会资本的认知维度对其组织公民行为有直接显著的正向影响	通过
H5	基层农技推广人员的主观幸福感对其组织公民行为有直接显著的正向影响	通过
H6	基层农技推广人员的主观幸福感在其组织公平感知与组织公民行为间起中介作用	通过
H7	基层农技推广人员的主观幸福感在其社会资本与组织公民行为间起中介作用	通过

第一，虽然本研究中引入的控制变量对于因变量的解释程度较低，但从实证结果中，我们仍可以发现一些信息：一方面，基层农技推广人员的年龄越大，其主观幸福感水平就越高，表现出来的组织公民行为就越多；另一方面，基层农技推广人员从事农技推广的工作年限越长，其主观幸福感水平也就越高，表现出来的组织公民行为也就越多。此外，本研究设置的另一控制变量——收入水平，无论是在检验其对基层农技推广人员主观幸福感的影响时还是在检验其对基层农技推广人员组织公民行为的影响时，均未呈现出统计显著性。尽管如此，模型中基层农技推广人员的收入水平对其组织公民行为所呈现出的负向影响趋向，值得未来进一步深入研究。

第二，从基层农技推广人员组织公平感知对其主观幸福感、组织公民行为直接影响的验证结果来看，基本符合了之前的理论设想，即基层农技推广人员的组织公平感知对其主观幸福感、组织公民行为均有显著的正向影响。

换句话说，针对其他群体的研究所得到的组织公平感知对于两者具有显著正向影响的结论，对于基层农技推广人员这一群体来讲也是成立的。在所有的子维度假设检验中，本研究所预先假设的基层农技推广人员的互动公平感知对其主观幸福感有直接显著的正向影响并没有通过显著性检验，可能的原因在于，分配公平感知和程序公平感知与基层农技推广人员更为关注的收入、职称晋升等紧密相关，互动公平感知所强调的基层农技推广组织对自己的尊重和礼貌程度，以及在沟通与交流中的互动公平感受在基层农技推广人员看来更多的是一种额外收获，对于自身主观幸福感受的推动作用并不是很明显。

第三，从基层农技推广人员的社会资本对其主观幸福感、组织公民行为直接影响的验证结果来看，也基本符合了之前的理论设想，即基层农技推广人员的社会资本对其主观幸福感、组织公民行为均有直接显著的正向影响。具体来看，基层农技推广人员的社会资本对于其主观幸福感的正向影响以及基层农技推广人员的社会资本对于其组织公民行为正向影响均得到了验证，这对于探究个体组织公民行为、主观幸福感的影响机制是一种创新性的路径探索。在所有的子维度假设检验中，本研究所预先假设的基层农技推广人员社会资本的结构维度对其主观幸福感有直接显著的正向影响以及基层农技推广人员社会资本的结构维度对其组织公民行为有直接显著的正向影响并没有通过显著性检验，可能的原因在于本研究对基层农技推广人员社会资本的结构维度测量主要从互动强度和网络密度两方面来考察，具体包括推广组织内部的农技推广人员之间非正式互动行为的频繁程度以及推广组织内部农技推广人员间的结构性社会资源，而实际调查得到的反馈，尤其是量表的相应题项得分水平很低。换句话说，也就是现阶段基层农技推广组织所举办的用以增强组织内农技推广人员互动关系的活动并不多，其结构性的社会资源很有限，所以相比于关系性社会资本和认知性社会资本，发挥的作用并不明显。

第四，从基层农技推广人员的组织公平感知、社会资本、主观幸福感和组织公民行为四者间的关系验证来看，本研究提出的两组中介效应假设都得到了验证，基层农技推广人员的主观幸福感在其组织公平感知与组织公民行为之间起到了完全中介作用，而在社会资本与组织公民行为之间起到了部分中介作用，同时所提出的创新性的假设——基层农技推广人员主观幸福感对于其组织公民行为具有显著的正向作用也得到了充分验证。这两条完整的关系路径较为清晰地展示了在人与组织交互视角下基层农技推广人员组织公民行为的影响机制。

第6章

结论与建议

通过前面五个章节的分析，围绕着基层农技推广人员“组织公平感知/社会资本—主观幸福感—组织公民行为”这一核心分析框架，本书对于基层农技推广人员组织公平感知、社会资本、主观幸福感和组织公民行为等的内涵维度，基层农技推广人员组织公平感知、社会资本对主观幸福感的直接影响机制以及基层农技推广人员的主观幸福感在组织公平感知、社会资本与组织公民行为间的两组中介效应等进行了深入系统的分析与研究。本章将针对前文的实证研究结果进行总结归纳，第一节主要针对实证研究结果，总结研究结论，第二节则基于整个研究，在乡村振兴战略背景下，从长远角度出发提出基层农技推广人才的激励策略建议。

6.1 主要研究结论

(1)针对基层农技推广人员这一特定群体，本书实证研究发现，基层农技推广人员的组织公平感知对其主观幸福感水平有显著的正向影响，换句话说，基层农技推广人员感知到组织内的公平程度越高，其主观幸福感水平就越强。从各个具体维度来看，基层农技推广人员的分配公平感知和程序公平感知对主观幸福感的影响较为显著，而互动公平感知对基层农技推广人员主观幸福感的提升作用并不显著。故对于基层农技推广人员来讲，当其感知到组织内分配公平、程序公平程度较高时，一方面是在心理情绪方面，农技推广人员会得到较为积极的心理暗示，这会产生某种心理安全感，在公平的氛围下更易于产生积极的情绪体验；另一方面是在对员工与组织的关系的认知方面，农技推广人员会认为所在组织是规范的，是可以使自身利益得到保护并且可以使自己得到足够尊重的，这会很大程度上提高其工作乃至生活的满意度。

（2）基层农技推广人员的组织公平感知对其组织公民行为有着显著的正向影响，即基层农技推广人员感知到组织内的公平程度越高，其会表现出更多的组织公民行为。从各个具体维度来看，无论是基层农技推广人员的分配公平感知、程序公平感知还是互动公平感知，均对其组织公民行为的影响较为显著。产生这种结果的原因在于，一方面，基层农技推广人员的投入主要包括角色内任务行为投入和角色外的组织公民行为投入，由于角色内任务行为投入的多少直接关系到最终的收入、绩效，故当其感知到不公平时，会主动减少角色外组织公民行为的投入，因为这样并不会直接影响其收入、晋升；另一方面，基层农技推广人员与推广组织间不仅仅存在着经济交换关系，而且存在着社会交换关系，基于社会交换理论，基层农技推广人员在获得推广组织的支持和经济报酬后，会基于某种认同感和信任感，做出许多角色外的积极举动来回报组织。

（3）基层农技推广人员的社会资本对其主观幸福感有着显著的正向影响，即基层农技推广人员所拥有的社会资本越多，其主观幸福感水平就越强。从各个具体维度来看，基层农技推广人员社会资本的关系维度和认知维度对其主观幸福感的影响较为显著，而社会资本的结构维度对基层农技推广人员主观幸福感提升作用并不显著。社会资本作为一种可利用的社会资源，可以提高基层农技推广组织内的成员获得各种社会资源的可能性，减少基层农技推广组织内部的交易成本和促进组织成员之间的情感交流，共同价值观和工作愿景的建立，也会激励和促进推广组织的成员间积极主动地交换资源信息与分享知识，使知识转移的输出方与交流方实现有效的沟通，降低了推广组织内部的协调和沟通成本，也促进了新知识的产生和创新氛围的形成，进而增加人们的喜悦感、归属感和心理满足感，最终达到提高基层农技推广人员的福利水平和幸福感的目的。

(4)基层农技推广人员的社会资本对其组织公民行为有着显著的正向影响，即基层农技推广人员所拥有的社会资本越多，其会表现出更多的组织公民行为。从各个具体维度来看，基层农技推广人员社会资本的关系维度和认知维度对其组织公民行为的正向影响较为显著，而社会资本的结构维度对其组织公民行为的正向影响并不显著。随着社会资本的提升，一方面，彼此间的信任、互惠和认同，有利于激发基层农技推广人员产生更多的忠诚于推广组织的行为、积极参加推广组织活动的行为以及其他推广工作时间外的甘于奉献的行为，另一方面，利于推广人员之间形成共享的语言和价值、愿景，降低了推广组织内部的协调和沟通成本，也促进了新知识的产生和创新氛围的形成，这些都促进了更多的组织公民行为的产生。

(5)基层农技推广人员的主观幸福感在其组织公平感知与组织公民行为之间起到了完全中介作用，而在社会资本与组织公民行为之间起到了部分中介作用。具体来看，基层农技推广人员主观幸福感对其组织公民行为有显著的正向影响，即当基层农技推广人员主观幸福感水平较高时，会展现出更多的组织公民行为。基于两组中介效应的检验，呈现出了在人与组织交互层面，基层农技推广人员的组织公平感知、社会资本分别通过主观幸福的中介传导机制来最终影响其组织公民行为的整体关系路径，直观地反映了基层农技推广人员组织公民行为的影响机制。

6.2 基层农技推广人才激励策略

由于我国的农业推广体系主要还是依托自上而下的以政府为主导的五级农业推广机构,故我国现阶段基层农技推广人才的主力仍是政府基层农技推广人员。萧鸣政(2016)指出,现代公共部门人力资源管理既要满足政府需求,又要满足公职人员的个人需求,应注重公职人员的激励机制建设。前文以基层农技推广人员个体与组织间的交互关系层面为切入点,引入社会资本和组织公平感知两个重要的外显变量,构建起"组织公平感知/社会资本—主观幸福感—组织公民行为"的分析框架,通过实证考察基层农技推广人员组织公民行为的整个影响机制。在分析实证结果的基础上,为更好地激励基层农技推广人才展现出更多角色外的积极行为,满怀热情地投身于乡村振兴的建设之中,本书提出以下基层农技推广人才的激励策略。

(1)在基层农技推广组织中注重营造更为公平的氛围。农技推广人员并不是孤立于组织之外的个体,故他们与组织间的双向互动关系会很大程度地影响其心绪、认知和行为。营造组织公平的氛围需要实现多方面的优化与变革,如:可以鼓励"能者多劳,多劳多得",设置更为灵活的任务分配方式和薪酬计算方式;实现组织内部绩效考核制度、晋升制度等流程制度的透明化、柔性化,提升标准化在其中发挥的角色和作用,并在实践中不断修改完善具有争议和偏见的流程制度;增强上下级之间的沟通与交流,领导应尊重每一位下属,不搞"小圈子"等。

(2)应树立"以人为本"的可持续性发展理念,重点关注基层农技推广人员的福祉问题。具体而言,可以建立起基层农技推广人才的长效培训机制,可以通过有计划地将推广人才派往农业高等院校和研究机构进修,邀请各地知名农业专家、领导开展讲座和培训，以及开展县、乡镇的推广人员相互交流等方式，提高其理论知识和专业技术能力；通过对推广人才的职业道德等内在素质的培训，引导并帮助基层农技推广人才做好自身的职业规划，提升其自我认知与自信心。与此同时，应当更加注重发挥基层农技推广组织的角色和作用，人与组织间的交互关系是培育基层农技推广人员个体社会资本的关键，一方面，基层农技推广组织应该更加重视组织内部成员的正式交流与联系，增加专业性的座谈会、讨论会的频次，减少他们的行政事务负担；另一方面，更加注重培育组织内部的民主，增强基层农技推广人员的自我意识。从社会交换理论的角度来看，这一方面可以提升基层农技推广人员的专业技术水平和能力，从同行交流中获取更多的关系性、认知性乃至结构性的社会资本，另一方面也有利于推动基层农技推广人员对推广组织表现出更高的组织忠诚度，提高推广人员的幸福感水平并激发其诸多积极的角色内和角色外行为，实现双赢。

(3)进一步增加农业推广经费投入，创造良好、稳定的农技推广政策环境。具体来讲，从工作环境上看，应进一步加大基层农技推广业务费的支出比例，改善基层推广机构的服务设施和推广手段，通过配备试验设备，改善推广培训、教学条件等方式为农技推广工作的开展提供有利环境；从外部宏观政策环境来看，加强对基层农技推广工作的政策支持力度，一方面制定优惠政策将技术、人才等各类优质资源注入基层农技推广的实践工作之中，另一方面发挥政策的保障作用，认真贯彻落实国务院《关于促进乡村产业振兴的指导意见》(国发〔2019〕12 号)“深化农业系列职称制度改革，开展面向农技推广人员的评审”的文件精神，在编制、收入、职称评选和晋升方面的政策制度予以优化，并实现透明公开。与此同时，政府应该发挥政策引领作用，探索实施农技推广服务特聘计划，支持通过政府购买服务方式，从新毕业大学生、农业乡土专家、种养能手、新型农业经营主体技术骨干、科研教学单位一线服务人员中招聘一批特聘农技员，有效调动起基层各类社会资源网络。

(4)相关政府部门需更加关注和鼓励基层农技推广人员的组织公民行为。由于现今基层农技推广人员更多从事着公益性技术推广,因此仅仅强调完成角色内任务与职责是远远不够的,还需要鼓励他们在职责范围外(薪酬考核范围外)产生更多自主自发的利于群体、组织、社区的角色外行为,即组织公民行为,这对于提升我国农技服务水平、提高政府部门推广绩效意义重大。由于组织公民行为难以进行测量,因而对于关注和鼓励基层农技推广人员的组织公民行为,现阶段更重要的是对其相应价值导向的逐步培育、宣扬与倡导,如树立模范典型,评选“最美乡镇农技推广员”等,予以物质奖励或者可以抵扣部分职称评审要求,而不是简单地将某种积极的角色外行为直接纳入绩效考核体系中去,这样可能起到适得其反的效果。

参考文献

[1] Adams J S. Inequity in social exchange[M]. New York: Academic press, 1965.

[2] Afsar B, Badir Y. Person-organization fit, perceived organizational support, and organizational citizenship behavior: The role of job embeddedness[J]. Journal of Human Resources in Hospitality & Tourism, 2016, 15(3): 252-278.

[3] Alesina A, Angeloni I, Schuknecht L. What does the European Union do [J]. Public Choice, 2005, 123(3-4): 275-319.

[4] Altintas S, Baykal U. Relationship between nurses' organizational trust levels and their organizational citizenship behaviors[J]. Journal of Nursing Scholarship, 2010, 42(2): 186-194.

[5] Babcock-Roberson M E, Strickland O J. The relationship between charismatic leadership, work engagement, and organizational citizenship behaviors[J]. The Journal of Psychology, 2010, 144(3), 313-326.

[6] Barclay L J, Kiefer T. Approach or avoid? Exploring overall justice and the differential effects of positive and negative emotions[J]. Journal of Management, 2014, 40(7): 1857 -1898.

[7] Baron R M, Kenny D. The moderator-mediator variable distinction in social psychological research: Conceptual strategic and statistical considerations[J]. Journal of Personality and Social Psychology, 1986, 51(6): 1173-1182.

[8]Bellou V,Chitiris L,Bellou A. The impact of organizational identification and self-esteem on organizational citizenship behavior: The case of Greek public hospitals[J]. Operational Research,2005,5(2):305-318.

[9]Bies R J,Moag J S. Interactional justice:communication criteria for fairness [M]. Greenwich,CT:JAI Press,1986.

[10]Blakely G L,Andrews M C,Moorman R H. The moderating effects of equity sensitivity on the relationship between organizational justice and organizational citizenship behaviors[J]. Journal of Business and Psychology,2005,20(2):259-273.

[11]Blanchflower D G,Oswald A J. Money,sex and happiness:An empirical study[J]. Scandinavian Journal of Economics,2004,106(3):393-415.

[12]Blau P M. Exchange and power in social life[M]. New York:John Wiley,1964.

[13]Bourdieu P. The forms of capital,in handbook of theory ad research for the sociology of education[M]. New York:Greenwood,1985.

[14]Burt R S. Structural holes: The social structure of competition[M]. Cambridge,MA:Harvard University Press,1992.

[15]Cassar V,Buttigieg S C. Psychological contract breach,organizational justice and emotional well-being[J]. Personnel Review,2015,44(2):217-235.

[16]Chhokar J,Zhuplev A,Fok L Y,et al. The impact of culture on equity sensitivity perceptions and organizational citizenship behavior: A five-Country study[J]. International Journal of Value-Based Management,2001,14(1):79-98.

[17]Choi J N. Change-Oriented organizational citizenship behavior: Effects of work environment characteristics and intervening psychological

processes[J]. Journal of Organizational Behavior,2007,28(4):467-484.

[18]Clark A E. Unemployment as a social norm: Psychological evidence from panel data[J]. Delta Working Papers,2003,21(2):289-322.

[19]Clark A E, Etilé F, Postel-Vinay F, et al. Heterogeneity in reported Well-Being: Evidence from twelve European countries[J]. Economic Journal,2005,115(502):118-132.

[20]Clark A E,Frijters P,Shields M A. Relative Income,happiness and utility: An explanation for the Easterlin paradox and other puzzles[J].Journal of Economic Literature,2008,46(1):95-144.

[21]Clark A E,Oswald A J. Unhappiness and Unemployment[J]. The Economic Journal,1994,104(424):648-659.

[22]Cohen A,Avrahami A. The relationship between individualism,collectivism, the perception of Justice,demographic characteristics and organizational citizenship behavior[J]. The Service Industries Journal,2006,26(8): 889-901.

[23]Coleman J S. Social capital in the creation of human capital. American Journal of Sociology,1988(94):95-120.

[24]Colquitt J, Conlon D, Wesson M, et al. Justice at the millennium: A meta-analytic review of 25 years of organizational justice research[J]. Journal of Applied Psychology,2001,86(3):425-445.

[25]Devonish D. Workplace bullying,employee performance and behaviors: The mediating role of psychological well-being [J]. Employee Relations,2013,35(6):630-647.

[26]DiTella R, MacCulloch, R J, Oswald, A J. The macroeconomics of happiness[J]. Review of Economics and Statistics,2003,85(4):809-827.

[27]DiTella R,Oswald M C J. Preferences over Inflation and Unemploy-

ment: Evidence from Surveys of Happiness [J]. The American Economic Review, 2001, 91(1): 335-341.

[28] Diener E, Diener M, Diener C. Factors predicting the subjective well-being of nations[J]. Journal of Personality and Social Psychology, 1995, 69(5): 851-864.

[29] Diener E, Scollon C N, Lucas R E. The evolving concept of subjective well-being: the multifaceted nature of happiness[J]. Advances in Cell Aging and Gerontology, 2004(15): 187-219.

[30] Diener E, Suh E M, Lucas R E, et al. Subjective Well-Being: Three decades of progress[J]. Psychological Bulletin, 1999, 125(2): 276-302.

[31] Diener E. Subjective Well-being[J]. Psychological Bulletin, 1984, 95(3): 542-575.

[32] Dyne L V, Pierce J L. Psychological ownership and feelings of possession: three field studies predicting employee attitudes and organizational citizenship behavior[J]. Journal of Organizational Behavior, 2004, 25(4): 439-459.

[33] Easterlin R A. Does economic growth improve the human lot? Some empirical evidence[M]. Academic Press, 1974.

[34] Easterlin R A. Life cycle happiness and its sources: Intersections of psychology, economics, and demography[J]. Journal of Economic Psychology, 2006, 27(4): 463-482.

[35] Easterlin R A. Income and happiness: Towards a unified theory[J]. The Economic Journal, 2001, 111(7): 465-484.

[36] Easterlin R A. Will raising the incomes of all increase the happiness of all? [J]. Journal of Economic Behavior & Organization, 1995, 27(1): 35-47.

[37]Euwema M C, Wendt H, Emmerik H V. Leadership styles and group organizational citizenship behavior across cultures[J]. Journal of Organizational Behavior, 2007, 28(8): 1035-1057.

[38]Farh J L, Earley P C, Lin S C. Impetus for action: A cultural analysis of justice and organizational citizenship behavior in Chinese society[J]. Administrative Science Quarterly, 1997, 42(3): 421-444.

[39]Farh J L, Zhong C B, Organ D W. Organizational citizenship behavior in the People's Republic of China[J]. Organizational Science, 2004, 15(2): 241-253.

[40]Farid T. 组织公平与伊斯兰工作伦理对工作投入和组织公民行为的影响——基于巴基斯坦护士的研究[博士学位论文]. 杭州: 浙江大学, 2018.

[41]Foa U G, Foa E B. Resource theory: interpersonal behavior as exchange [M]. In. Gergen K. J, Greenberg M. S. & Willis R. H. (Eds.), Social exchange: Advances in theory and research. New York: Plenum, 1980.

[42]Frenkel S J, Li M, Restubog S L D, et al. Management, organizational justice and emotional exhaustion among Chinese migrant workers: Evidence from two manufacturing firms[J]. British Journal of Industrial Relations, 2012(3): 121-147.

[43]Frey B S, Stutzer A. Happiness, economy and institutions[J]. The Economic Journal, 2010, 110(466): 918-938.

[44] Fukuyama F. Social capital and the global economy [J]. Foreign Affairs, 1995, 74(5): 89-103.

[45]Gerke A, Dickson G, Desbordes M, et al. The role of interorganizational citizenship behaviors in the innovation process[J]. Journal of Business Research, 2017, 73(4): 55-64.

[46]Graham C,Felton A. Inequality and happiness: Insights from Latin America[J]. The Journal of Economic Inequality,2006,4(1):107-122.

[47]Greenberg J. Employee theft as a reaction to underpayment in equity: The hidden cost of pay cuts [J]. Journal of Applied Psychology,1990 (75):561-568.

[48]Han J,Hovav A. Dimensionality of social capital and organizational citizenship behavior in information systems project teams[J]. Journal of Computer Information Systems,2016,56(3):218-227.

[49]Han Y,Sears G,Zhang H Y. Revisiting the"Give and Take" in LMX: Exploring equity sensitivity as a moderator of the influence of LMX onaffiliative and change-oriented OCB[J]. Personnel Review,2018,47 (2):555-571.

[50]Helliwell J F. How's life? Combining individual and national variables to explain subjective well-being[J]. Economic Modelling,2003,20(2): 331-360.

[51]Hooghe M,Vanhoutte B. Subjective well-being and social capital in Belgian communities: The impact of community characteristics on subjective well-being indicators in Belgium[J]. Social Indicators Research, 2011,100(1):17-36.

[52]Kaiser H F,Rice J. Little Jiffy,Mark IV[J]. Educational and Psychological Measurement,1974,34(1):111-117.

[53]Kausto J,Elo A L,Lipponen J,et al. Moderating effects of job in security in the relationships between procedural justice and employee well-being: Gender differences[J]. European Journal of Work and Organizational Psychology,2005,14(4):431-452.

[54]Lambert E G,Hogan N L,Griffin M L. The impact of distributive and

procedural justice on correctional staff job stress, job satisfaction, and organizational commitment[J]. Journal of Criminal Justice, 2007(35): 644-656.

[55]Lambert E G, Hogan N L, Jiang S E, et al. The relationship among distributive and procedural justice and correctional life satisfaction, burnout, and turnover intent: An exploratory study[J]. Journal of Criminal Justice, 2010(38): 7-16.

[56]Lambert E G. The impact of organizational justice on correctional staff [J]. Journal of Criminal Justice, 2003(31): 155-168.

[57]Lavelle J J. Commitment, procedural fairness and organizational citizenship behavior: a multifoci analysis[J]. Journal of Organizational Behavior, 2009, 30(3): 337-357.

[58]Leventhal G S. The distribution of rewards and resources in groups and organizations[M]. New York: Academic Press, 1976.

[59]Leventhal G S. What should be done with equity theory? New approaches to the study of fairness in social relationships [C]. New York: Springer-Verlag, 1980.

[60]Lin N. Social capital: A theory of social structure and action [M]. Cambridge: Cambridge University Press, 2001.

[61]Liu Y. Perceived organizational support and expatriate organizational citizenship behavior: The mediating role of affective commitment towards the parent company[J]. Personnel Review, 2009, 38(3): 307-319.

[62]Martinko M J, Harvey P, Brees J. R, et al. A review of abusive supervision research[J]. Journal of Organizational Behavior, 2013, 34(S1), 120-137.

[63]Meierhans D, Rietmann B, Jonas K. Influence of fair and supportive

leadership behavior on commitment and organizational citizenship behavior[J]. Swiss Journal of Psychology ,2008,67(3):131-141.

[64]Mohanty J,Rath N B P. Influence of organizational culture on organizational citizenship behavior: A three-sector study[J]. Global Journal of Business Research,2012,6(1):65-76.

[65]Moliner C,Martinez-Tur V,Ramos J,et al. Organizational justice and extrarole customer service:The mediating role of well-being at work[J]. European Journal of Work and Organizational Psychology, 2008, 17 (3):327-348.

[66]Moorman R H,Blakely G L,Niehoff B P. Does perceived organizational support mediate the relationship between procedural justice and organizational citizenship behavior [J] . The Academy of Management Journal,1998,41(3):351-357.

[67]Nahapiet J,Ghoshal S. Social capital,intellectual capital,and the organizational advantage[J]. Academy of Management Review. 1998,23(2): 242-266.

[68]Neira I,Lacalle-Calderon M,Portela M,et al. Social capital dimensions and subjective Well-being: A quantile approach [J] .Journal of Happiness Studies,2018,19(12):1-29.

[69] Niehoff B P, Moorman R H. Justice as a mediator of the relationship between methods of monitoring and organizational citizenship behavior[J]. Academy of Management Journal,1993(36):327-336.

[70] Ofelia J D B, Srednicki R, Kutcher E J, et al. Work-family conflict, work-family culture, and organizational citizenship behavior among teachers[J]. Journal of Business and Psychology,2005,20(2):303-324.

[71]Organ D W. Organizational citizenship behavior:It's construct clean up

time[J]. Human Performance,1997(10):85-97.

[72]Organ D W. Organizational citizenship behavior:The good soldier syndrome[M]. Lexington,MA:Lexington Books,1988.

[73]Pawar B S. A proposed model of organizational behavior aspects for employee performance and well-being[J]. Applied Research Quality Life,2013(8):339-359.

[74]Podsakoff N P,Podsakoff P M,MacKenzie S B,et al. Consequences of unit-level organizational citizenship behaviors:A review and recommendations for future research [J]. Journal of Organizational Behavior, 2014,35(S1),87-119.

[75]Podsakoff P M,MacKenzie S B,Paine J B. Organizational citizenship behaviors:A critical review of the theoretical and empirical literature and suggestions for future research[J]. Journal of Management,2000, 26(3):513-563.

[76]Popescu R N,Fistung D F,Popescu T,et al. Is the Organizational Citizenship Behavior(OCB)a predictor for the Cultural Intelligence(CQ)? [J]. Procedia-Social and Behavioral Sciences,2018(238):638-646.

[77]Portela M,Neira I,Salinas-Jiménez M M. Social capital and subjective well-being in Europe:A new approach on social capital[J]. Social Indicators Research,2013,114(2):493-511.

[78]Puntscher S,Hauser C,Walde J,et al. The impact of social capital on subjective well-being:A regional perspective[J]. Journal of Happiness Studies,2015,16(5):1231-1246.

[79]Rehdanz K,Maddison D. Climate and happiness[J]. Ecological Economics,2005,52(1):111-125.

[80]Renani G. A,Mahmoudi O,Ghaderi B. The role of social capital in or-

ganizational citizenship behavior in governmental banks of Iran[J].Applied Science Reports,2017,20(3):84-91.

[81] Robbins J M, Ford M T, Tetrick L E. Perceived unfairness and employee health: a meta-analytic integration[J]. Journal of Applied Psychology,2012,97(2):235-272.

[82]Salas-Vallina A,Vidal J A,Fernandez R. Happiness at work and organizational citizenship behavior:Is organizational learning a missing link?[J]. International Journal of Manpower,2017,38(3):470-488.

[83]Stanzani S. Dimensions of social capital and subjective well-being:evidence from Italy[J]. International Review of Sociology—Revue Internationale de Sociologie,2015,25(1):129-143.

[84]Thibaut J,Walker L. Procedural justice:a psychological analysis [M]. Hillsdale,NJ:Erlbaum,1975.

[85]Vigoda-Gadot E,Beeri I. Change-Oriented organizational citizenship behavior in public administration:The power of leadership and the cost of organizational politics[J]. Journal of Public Administration Research and Theory,2012,22(3):573-596.

[86]Wassmer R W. Causes of Urban Sprawl in the United States:Auto reliance as compared to natural evolution,flight from blight,and local revenue reliance[J]. Journal of Policy Analysis & Management,2008,27(3):536-555.

[87]Williams L J,Anderson S E. Job satisfaction and commitment as predictors of Organizational citizenship and In-role behaviors[J]. Journal of Management,1991(17):601-617.

[88]Wills-Herrera E,Orozco L E,Forero-Pineda C,et al. The relationship between perceptions of insecurity,social capital and subjective well-be-

ing:Empirical evidences from areas of rural conflict in Colombia[J]. The Journal of Socio-Economics,2011,40(1):88-96.

[89] Winkelmann R. Unemployment, social capital, and subject well-being[J]. Journal of Happiness Studies,2009,10(4):421-430.

[90]Xerri M J,Brunetto Y. Fostering innovative behavior:The importance of employee commitment and organizational citizenship behavior[J]. The International Journal of Human Resource Management,2013,24(16),3163-3177.

[91]Zabihi M R,Memari F,Khalili S,et al. Study of the relation between social capital aspects and organizational citizen behavior(study case: personnel and managers of Mashhad Zomorrod spinning)[J]. A Journal of Economics and Management,2014,3(12):56-66.

[92]Zehir C,Muceldili B,Altingdag E,et al. Charismatic leadership and organizational citizenship behavior:The mediating role of ethical climate[J]. Behavior AND Personality,2014,42(8),1365-1376.

[93][美]彼得·M. 布劳. 社会生活中的交换与权力[M]. 孙非,张黎勤,译. 北京:华夏出版社,1988.

[94]《中国农业技术推广体制改革研究》课题组. 中国农技推广:现状、问题及解决对策[J]. 管理世界,2004(5):50-57,75.

[95]边燕杰,丘海雄. 企业的社会资本及其功效[J]. 中国社会科学,2000(2):204-216.

[96]边燕杰. 社会资本研究[J]. 学习与探索,2006(2):39-40.

[97]蔡新职. 构建基层农技人员继续教育长效机制[J]. 探索与实践,2011(11):41-44.

[98]陈池波,李成豪. 收入不平等、再分配偏好与居民主观幸福感研究[J]. 财政研究,2016(12):64-77.

[99]陈国权，张中鑫，赵慧群．企业环境下个人获取知识和输出知识能力对组织公民行为影响的研究[J]．中国管理科学，2013，21(3)：178-184.

[100]陈顺宇．多变量分析[M]．台北：华泰书局，2004.

[101]戴红军，孙涛，张坤．环境质量与居民主观幸福感关系的实证研究[J]．统计与决策，2015(17)：113-115.

[102]邓泰安，邓保国，俞湘珍．农技推广人员工作积极性影响因素实证研究——基于广东1880名农技推广人员问卷调查[J]．科技管理研究，2018(11)：139-146.

[103]董杲，萧鸣政．基层农技推广人才激励——基于主观幸福感的实证分析[J]．领导科学，2019(10)：90-93.

[104]范晓阳，姚波，陈思莹．人格特质与组织公民行为关系研究综述[J]．经济视角(上)，2012(6)：46-48.

[105]丰军辉，张俊飚，吴雪莲，等．基层农技推广人员积极性研究[J]．农业现代化研究，2017，38(5)：809-817.

[106]高红莉，张东，许传新．住房与城市居民主观幸福感实证研究[J]．调研世界，2014(11)：18-24.

[107]高启杰．我国农业推广投资现状与制度改革的研究[J]．农业经济问题，2002(8)：27-33.

[108]耿庆岭，韦雪艳．教师工作重塑与组织公民行为关系：工作投入的中介作用[J]．中国临床心理学杂志，2016，24(2)：356-358.

[109]郭晓薇．企业员工组织公民行为影响因素的研究[博士学位论文]．上海：华东师范大学，2004.

[110]韩锐．医患关系、工作满意度对医生组织公民行为的影响[J]．西安交通大学学报：社会科学版，2017，37(4)：55-61.

[111]何显富，蒲云，薛英．企业社会责任对员工组织公民行为的影响——员工组织认同感和工作投入的中介作用[J]．西安交通大学学报：社会

科学版,2011,12(5):61-67.

[112]胡洪曙,鲁元平．公共支出与农民主观幸福感——基于CGSS数据的实证分析[J]. 财贸经济,2012(10):23-33.

[113]胡瑞法,黄季焜,李立秋．中国农技推广体系现状堪忧——来自7省28县的典型调查[J]. 中国农技推广,2004(3):6-8.

[114]胡瑞法,李立秋,张真和,等．农户需求型技术推广机制示范研究[J]. 农业经济问题,2006(11):50-56.

[115]黄季焜,胡瑞法,智华勇．基层农业技术推广体系30年发展与改革:政策评估和建议[J]. 农业技术经济,2009(1):4-11.

[116]黄洁,王晓静．企业员工社会责任对组织公民行为的影响研究——基于心理契约的中介作用[J]. 山东社会科学,2016(2):179-183.

[117]黄奇栋,钟健安．任务相依性与组织公民行为:团队成员交换的中介作用[J]. 人类工效学,2010,16(3):45-48.

[118]惠艳,周喜革．基层员工组织公平感与沉默行为的关系研究[J]. 西藏民族学院学报:哲学社会科学版,2014,35(3):136-139.

[119]贾波．职场排斥对员工组织公民行为影响的实证研究[博士学位论文]. 沈阳:辽宁大学,2014.

[120]金明星．组织公平对组织公民行为(OCB)及工作绩效影响的实证研究——基于金融企业的问卷调查[博士学位论文]. 上海:复旦大学,2011.

[121]兰林火,徐延辉．社会资本与青年群体的幸福感[J]. 当代青年研究,2015(4):57-64.

[122]雷卫．宗教信仰、经济收入与城乡居民主观幸福感[J]. 农业技术经济,2016(7):98-110.

[123]李冬梅,吴燕．基层农技推广人员推广意愿及行为实证研究——基于四川省基层农机员的调查[J]. 生产力研究,2009(17):35-37.

[124]李敬,朱嘉玲．员工情绪智力对组织公民行为影响的实证研究[J]. 湖南大学学报:社会科学版,2010,24(6):78-83.

[125]李靖．个人特质的异同与组织公民行为评价[J]. 中国临床心理学杂志,2004,12(1):15-17.

[126]李立秋．机制创新是体系建设的重要任务[J]. 中国农技推广,2007,23(3):8 9.

[127]李平,朱国军．社会资本、身份特征与居民幸福感——基于中国居民社会网络变迁的视角[J]. 经济评论,2014(6):113-125.

[128]李想,李秉龙,张恒春．我国不同经济发展水平地区农村居民生活幸福感的影响因素研究[J]. 技术经济,2009,28(5):98-103.

[129]李向光,陈晓伟．打通农技推广的“最后一公里”——基层农业技术推广人才队伍建设状况掠影[J]. 中国人才,2013(9):15-17.

[130]李旭培,王桢,时勘．组织认同对公务员组织公民行为的影响:上级信任感的调节作用[J]. 软科学,2011,25(8):82-85.

[131]李芸．城乡融合背景下的农技推广融合发展研究[J]. 人民论坛·学术前沿,2021(2):59-65.

[132]李中权,王力,张厚粲,等．人格特质与主观幸福感:情绪调节的中介作用[J]. 心理科学,2010,33(1):165-167.

[133]廖西元,申红芳,朱述斌,等．中国农业技术推广管理体制与运行机制对推广行为和绩效影响的实证[J]. 中国科技论坛,2012(8):131-138.

[134]林江,周少君,魏万青．城市房价、住房产权与主观幸福感[J]. 财贸经济,2012(5):114-120.

[135]林南．社会资本——关于社会结构与行动的理论[M]. 张磊,译．上海:上海人民出版社,2005.

[136]林亚清,张宇卿．领导成员交换关系会影响公务员变革型组织公民行为吗？——变革义务感的中介作用与公共服务动机的调节作用[J].

公共行政评论,2019(1):132-150.

[137]刘朝,张欢,王赛君,等. 领导风格、情绪劳动与组织公民行为的关系研究——基于服务型企业的调查数据[J]. 中国软科学,2014(3):119-134.

[138]刘成奎,刘彻. 相对收入、预期收入与主观幸福感[J]. 中南民族大学学报:人文社会科学版,2018,38(6):139-142.

[139]卢威. 公务员组织公平感和工作满意度对关联绩效影响实证研究[博士学位论文]. 大连:大连理工大学,2012.

[140]骆永亮. 创新基层农技推广运行机制的实践与思考[J]. 农业论坛,2010(6):7-8.

[141]吕艾芹,施俊琦,刘漪昊,等. 团队冲突、团队信任与组织公民行为:组织公正感的中介作用[J]. 北京大学学报:自然科学版,2012,48(3):500-506.

[142]吕福新,顾姗姗. 心理所有权与组织公民行为的相关性分析——基于本土企业的视角和浙江企业的实证[J]. 管理世界,2007(5):94-103.

[143]马文聪,朱桂龙,蒋峦. 创新是组织公民行为影响绩效的中介变量吗?——基于高科技行业的实证研究[J]. 科学学研究,2010,28(2):307-315.

[144]毛晋平,唐晨. 教师团队心理资本与成员组织公民行为的关系:工作满意度的中介作用[J]. 中国临床心理学杂志,2015,23(4):736-740.

[145]米健. 中国居民主观幸福感影响因素的经济学分析[博士学位论文]. 北京:中国农业科学院,2011.

[146]潘孝富,谭小宏,秦启文,等. 教师组织公平感与组织公民行为:工作倦怠的中介作用[J]. 心理发展与教育,2010(4):409-415.

[147]蒲国利,苏秦,庞顺可. 组织公民行为与服务质量和关系质量关系研究[J]. 工业工程与管理,2010,15(5):97-104.

[148]普特南．使民主运转起来[M]．王列，赖海榕，译．南昌：江西人民出版社，2001.

[149]漆世润．公平互动、心理授权与组织成员幸福感提升[J]．领导科学，2017(17)：62-64.

[150]亓寿伟，周少甫．收入、健康与医疗保险对老年人幸福感的影响[J]．公共管理学报，2010，7(1)：100-107.

[151]乔方彬，张林秀，胡瑞法．农业技术推广人员的推广行为分析[J]．农业技术经济，1999(3)：12-15.

[152]任海燕，傅红春．收入与居民幸福感关系的中国验证——基于绝对收入与相对收入的分析[J]．南京社会科学，2011(12)：15-21.

[153]荣泰生．AMOS与研究方法[M]．重庆：重庆大学出版社，2009.

[154]闰丙金．收入、社会阶层认同与主观幸福感[J]．统计研究，2012，29(10)：64-72.

[155]邵安．组织间社会资本、组织间学习与公共应急组织弹复力的关联机理研究[博士学位论文]．杭州：浙江大学，2016.

[156]申红芳，陈超，王磊．农技推广组织环境对农技推广人员行为影响的实证分析：基于全国8省24县的调查数据[J]．贵州农业科学，2014，42(6)：235-240.

[157]申红芳，王志刚，王磊．基层农业技术推广人员的考核激励机制与其推广行为和推广绩效——基于全国14个省42个县的数据[J]．中国农村观察，2012(1)：65-79.

[158]申红芳．农技推广的职能安排对推广行为和绩效的影响[J]．农村经济与科技，2012，23(12)：25-28.

[159]申红芳，廖西元，王志刚，等．基层农技推广人员的收入分配与推广绩效——基于全国14省(区、市)44县数据的实证[J]．中国农村经济，2010(2)：57-78.

[160]申云,贾晋．收入差距、社会资本与幸福感的经验研究[J]．公共管理学报,2016,13(3):100-110.

[161]史会斌,吴金希．基于任务环境和制度环境的联盟中组织公平感对合作行为的影响研究[J]．软科学,2013,27(12):27-30.

[162]宋德勇,杨秋月,程星．环境规制提高了居民主观幸福感吗？来自中国的经验证据[J]．现代经济探讨,2019(1):7-15.

[163]苏方国,赵曙明．组织承诺、组织公民行为与离职倾向关系研究[J]．科学学与科学技术管理,2005(8):111-116.

[164]孙健敏,王震．工作越轨行为的结构与组织公民行为的关系:一项实证检验[J]．心理学探新,2011,31(4):343-347.

[165]孙伟增,郑思齐．居民对房价的预期如何影响房价变动[J]．统计研究,2016,33(5):51-59.

[166]唐翌．团队心理安全、组织公民行为和团队创新——一个中介传导模型的实证分析[J]．南开管理评论,2005,8(6):24-29.

[167]田野,卢东,张博坚,等．组织成员敬畏感对组织公民行为的促进作用研究[J]．软科学,2016,30(3):77-80.

[168]王国猛,赵曙明,郑全全,等．团队心理授权、组织公民行为与团队绩效的关系[J]．管理工程学报,2011,25(2):1-7.

[169]王国猛,赵曙明,郑全全．团队信任与团队水平组织公民行为——团队心理授权的中介作用研究[J]．大连理工大学学报:社会科学版,2012,33(2):71-75.

[170]王丽颖．本溪县农业技术推广部门的现状及完善措施[J]．农业科技通讯,2011(7):15-17.

[171]王益宝,徐婷．员工幸福感对组织公民行为影响的实证研究[J]．经济论坛,2011(12):197-200.

[172]王永刚．组织公平、心理契约违背与工作态度——基于“绩效工资”政

策背景下高校教师的实证分析[J]. 南京理工大学学报:社会科学版,2012,25(6):78-85.

[173]温忠麟,侯杰泰,张雷. 调节效应与中介效应的比较和应用[J]. 心理学报,2005,37(2):268-274.

[174]翁清雄,刘勇,张增田. 基层公务员组织公民行为提升机制研究——基于社会心理动因视角[J]. 软科学,2014,28(11):86-89.

[175]吴隆增,刘军,许浚. 职场排斥与员工组织公民行为:组织认同与集体主义倾向的作用[J]. 南开管理评论,2010,13(3):36-44.

[176]吴明隆. 问卷统计分析实务——SPSS操作与应用[M]. 重庆:重庆大学出版社,2010.

[177]吴志明,武欣. 知识工作团队中组织公民行为对团队有效性的影响作用研究[J]. 科学学与科学技术管理,2005(8):92-96.

[178]武欣,吴志明,张德. 组织公民行为对团队有效性的影响机制研究[J]. 管理工程学报,2007,21(3):19-23.

[179]萧鸣政. 公共部门人力资源开发与管理[M]. 北京:北京大学出版社,2016.

[180]徐光,张雪,李志刚,等. 基于虚拟社区感知与社区参与动机影响的社会资本与组织公民行为关系研究[J]. 管理评论,2016,28(7):213-225.

[181]徐鹏,白贵玉,陈志军. 知识型员工参与激励与创新绩效关系研究——组织公民行为的非线性中介作用[J]. 科学学与科学技术管理,2016,37(5):129-137.

[182]徐双敏,王科. 辱虐管理与公务员反生产行为关系研究——以组织公平感为调节变量[J]. 安徽大学学报:哲学社会科学版,2018(3):140-147.

[183]许贝贝,王文生,郭雷风,等. 基于层次分析法的基层农技推广人员绩

效评价体系研究[J]. 江西农业学报,2017,29(11):135-140.

[184]薛新东,程明梅. 农村老人社会资本、健康与幸福感的关系研究——基于湖北、河南农村老人的实证分析[J]. 经济管理,2012(12):166-175.

[185]杨东涛,马硕. 社会资本与组织公民行为的关系:组织承诺的中介作用[J]. 南大商学评论,2007(4):35-52.

[186]杨帆. 基于组织公平视角的承包商施工项目经理工作倦怠研究[博士学位论文]. 北京:清华大学,2017.

[187]杨巧,陈诚,张可可. 收入差距、住房状况与居民幸福感——基于CGSS2003 和 CGSS2013 的实证[J]. 西北人口,2018,39(5):11-20.

[188]杨忠娜,陈曦,张淑云,等. 加快推进基层农业技术体系改革的对策及建议[J]. 贵州农业科学,2009,37(10):233-235.

[189]叶超. 公务员组织公民行为维度与基于工作压力源的影响机理研究[博士学位论文]. 上海:华东师范大学,2016.

[190]殷金朋,赵春玲,贾占标,等. 社会保障支出、地区差异与居民幸福感[J]. 经济评论,2016(3):108-121.

[191]殷立平,张文静,王玉玲,等. 基层农业科技推广培训存在的问题及对策[J]. 现代农业科技,2010(2):388-389.

[192]于鲁宁,彭正龙. 职场排斥对组织公民行为的影响:一个有调节的中介模型[J]. 预测,2018,37(1):22-35.

[193]俞彬彬,钟建安. 情绪智力、组织公平和组织公民行为关系的研究[J]. 心理科学,2008(3):475-478.

[194]张保军. 构建跨乡镇设置区域站新型基层农技推广机构,让科技与农民"零距离"——河北省基层农技推广体系改革与建设的经验做法[J]. 基层农技推广,2014(1):1-5.

[195]张春华,钟越,冯明,等. 大力推进村级农技服务站建设,不断完善基

层农技推广体系[J]. 基层农技推广,2014(9):6-8.

[196]张凤荣,李佳聪,钱偏偏. 工作、情感与关系:新生代女性农民工的组织嵌入与公民行为[J]. 东北师大学报:哲学社会科学版,2018(3):79-84.

[197]张兰霞,张靓婷,裴亚寒. 自恋型领导的双面特质对员工组织公民行为的作用机制——一个被调节的中介效应模型[J]. 技术经济,2017,36(3):68-78.

[198]张蕾,王伟平,张宝良. 基层农业技术推广人员推广行为的影响因素分析[J]. 安徽农业科学,2011,39(31):19263-19266.

[199]张蕾. 基层农技推广机构管理制度及其对农技员技术推广行为的影响研究——以"水稻科技入户"示范县为例[博士学位论文]. 南京:南京农业大学,2010.

[200]张利庠,纪海燕. 试析我国农业技术推广中的财政投入[J]. 农业经济问题,2007(2):55-62.

[201]张梁梁,杨俊. 社会资本与居民幸福感:基于中国式分权的视角[J]. 经济科学,2015(6):65-77.

[202]张晓旭. 心理资本对组织绩效、组织承诺及组织公民行为的影响分析[J]. 统计与决策,2013(11):108-110.

[203]张艳蕾. 基层员工组织公民行为与服务质量关系研究[J]. 中国商贸,2012(31):109-111.

[204]张燕,解蕴慧,王泸. 组织公平感与员工工作行为:心理安全感的中介作用[J]. 北京大学学报:自然科学版,2015,51(1):180-186.

[205]赵斌,刘米娜. 收入、社会资本、健康与城市居民幸福感的实证分析[J]. 统计与决策,2013(20):96-99.

[206]赵晨,高中华. 员工政治自我效能对组织公民行为的影响研究:心理资本的调节作用[J]. 心理科学,2014,37(3):729-734.

[207]赵红梅. 个人-组织契合度对组织公民行为及关系绩效影响的实证研究[J]. 管理学报,2009,6(3):342-347.

[208]赵君,鄢苗,肖素芳,等. 组织公民行为与反生产行为的互动关系:一个基于情绪与认知整合框架的阐释[J]. 心理科学进展,2019,27(5):871-883.

[209]赵维良. 公务员工作满意度与组织公平感关系研究[J]. 领导科学,2010(10):18-20.

[210]郑景丽,郭心毅. 组织公平对员工组织公民行为影响的实证研究[J]. 北京理工大学学报:社会科学版,2016,18(1):82-88.

[211]郑莉. 比较社会交换理论与理性选择理论的异同——以布劳、科尔曼为例. 学术交流,2004(1):108-113.

[212]智华勇,黄季焜,张德亮. 不同管理体制下政府投入对基层农技推广人员从事公益性技术推广工作的影响[J]. 管理世界,2007(7):66-74.

[213]周红云. 公务员的组织公民行为及其隐形激励研究[博士学位论文]. 武汉:武汉大学,2010.

[214]周辉,夏婷. 组织公民行为对组织创新的影响研究[J]. 商业时代,2013(5):91-92.

[215]周雅玲,肖忠意,于文超. 通货膨胀、自有住房与城镇居民主观幸福感[J]. 中国经济问题,2017(3):50-63.

[216]朱学红,杨静,伍如昕. 理念型心理契约、组织公民行为与团队绩效关系分析[J]. 统计与决策,2014(22):93-97.

[217]宗文,李晏墅,陈涛. 组织支持与组织公民行为的机理研究[J]. 中国工业经济,2010(7):104-114.

附录

调查问卷

调研时间：______年______月______日

尊敬的女士/先生：

您好！这是一份匿名的课题研究问卷，目的在于研究基层农技推广人员组织公民行为的影响机制。我们保证对您的回答完全保密并只用于学术研究，以后的数据分析中不会提及您和您所在单位的真实名称，请您在百忙之中抽出一些时间填写此问卷。对您的支持与配合致以诚挚的谢意！

第一部分 基本信息

1. 贵单位名称：____________；贵单位员工总人数为：________人

2. 您的性别：________；年龄：________岁；民族：______

   A. 汉族　　　　B. 其他

3. 您是否为中共党员：__________

   A. 是　　　　B. 否

4. 您目前的婚姻状况：__________

A. 已婚　　B. 未婚　　C. 离婚　　D. 丧偶

5. 您的学历水平：__________

A. 小学及以下　　B. 初中及相应学历

C. 高中及相应学历　　D. 大学及相应学历

E. 研究生及以上

6. 您是否有慢性病或长期的健康问题：__________

A. 是　　B. 否

7. 您的个人月均收入大约为__________元/月

A. 1 500 元及以下　　B. 1 500～2 500 元

C. 2 500～3 500 元　　D. 3 500～4 500 元

E. 4 500 元及以上

8. 您从事农技推广工作的工作年数__________年；您是否在编：__________

A. 是　　B. 否

9. 您的专业技术职称：__________

A. 无职称　　B. 初级　　C. 中级　　D. 高级

10. 您从事农技推广工作时的最主要交通工具：__________（请选择一项）

A. 单位的汽车　B. 单位的摩托车、电动车、自行车

C. 公共交通　　D. 私人汽车　　E. 私人的电动车或摩托车

F. 步行　　G. 其他（请注明）__________

11. 您实际开展（下乡）农技推广工作的时间（除去从事行政工作所占时间）占总工作时间的__________%

12. 您从事推广工作时额外的经费补贴为________元/天（没有请填 0）

13. 您在实际农技推广中采用的方法（请细化您在每种推广方法上所用的时间，没有请填 0）

A. 实地的技术示范和指导__________% B. 与农户组织座谈和研讨会等__________%

C. 发放科技图书、报刊等资料__________% D. 在推广办公室与农户沟通交流______%

E. 其他(请注明)______________%

14. 您从事农技推广工作是否主要为了获取经济报酬__________

A. 是　　　　B. 否

15. 您现在的工作岗位是否可以充分发挥您的技术专长________

A. 是　　　　B. 否

第二部分　主观测量表

注:分值1～7表示:您认为题项中描述的内容与您实际情况的符合程度。

1=非常不符合　2=不符合　3=有些不符合　4=一般　5=有些符合　6=符合　7=非常符合

填写说明:每题只选一个答案,请您在相应的数字后面画"√"或涂黑。

1. 组织公平感知							
FPGP1:您的收入与本地区同类型推广人员的收入相比较是公平的	1	2	3	4	5	6	7
FPGP2:您的收入与您在工作中做出的努力和投入相比较是公平的	1	2	3	4	5	6	7
FPGP3:您的收入与单位分配给您的角色、责任相比较是公平的	1	2	3	4	5	6	7
CXGP1:单位内部有一贯连续且明确的政策制度与流程(包括考核、晋升等)	1	2	3	4	5	6	7

续表

1. 组织公平感知							
CXGP2:单位内部的政策制度是规范的、不存在任何歧视的	1	2	3	4	5	6	7
HDGP1:单位上、下级之间的相互沟通是畅通无阻的	1	2	3	4	5	6	7
HDGP2:单位对您是尊重和友好的	1	2	3	4	5	6	7
2. 社会资本							
JG1:单位经常举办各种形式的活动来增强员工间的互动	1	2	3	4	5	6	7
JG2:当工作遇到困难时,单位同事之间能够互相帮助与依赖	1	2	3	4	5	6	7
GX1:您单位同事彼此之间是相互信任的	1	2	3	4	5	6	7
GX2:单位同事对您的承诺是可靠的	1	2	3	4	5	6	7
RZ1:对于推广工作,单位成员都有着共同的愿景和价值观	1	2	3	4	5	6	7
RZ2:在推广工作中,单位同事彼此间形成了良好的配合与默契	1	2	3	4	5	6	7
3. 主观幸福感							
SWB1:从总体上看,您对现在的生活是满意的	1	2	3	4	5	6	7
SWB2:从总体上看,您对现在的工作情况是满意的	1	2	3	4	5	6	7
SWB3:在过去的一个月,您总是充满活力,认为自己有能力战胜困难与压力	1	2	3	4	5	6	7
SWB4:在过去的一个月,您很容易产生挫败感	1	2	3	4	5	6	7
4. 组织公民行为							
ZW1:您在闲暇时会利用网络等媒介来增强业务学习	1	2	3	4	5	6	7
ZW2:您会积极主动地申请参加各类推广培训班,甚至可能选择自费进修培训	1	2	3	4	5	6	7
ZW3:您会选择主动加班以更好地完成日常的推广任务	1	2	3	4	5	6	7
QT1:您会向年轻的(或新来的)同事分享、传授自己的推广技术与经验	1	2	3	4	5	6	7
QT2:您经常主动帮助同事解决推广工作中遇到的难题	1	2	3	4	5	6	7
QT3:您会帮助调解同事间的冲突与矛盾	1	2	3	4	5	6	7
QT4:您会帮助同事解决生活中遇到的困难	1	2	3	4	5	6	7
ZZ1:您会积极地参加单位组织的各类活动(如评比、竞赛等)	1	2	3	4	5	6	7

续表

4. 组织公民行为							
ZZ2:您会经常主动向单位提出实用、有效的建议	1	2	3	4	5	6	7
SH1:您会积极地投入到社区公共服务活动中去	1	2	3	4	5	6	7
SH2:在社区生活中,您会时刻约束自身的言行举止以维护自己单位的形象	1	2	3	4	5	6	7

填表人职务:__________;　　　　联系方式:__________